읽기만 해도 술술 외워지는

漢한자字박사

5급

읽기만 해도 술술 외워지는 **한자박사 5급**

지은이 우리말한자연구회
펴낸이 임준현
펴낸곳 넥서스

초판 1쇄 발행 2007년 12월 21일
2판 1쇄 인쇄 2010년 5월 25일
2판 1쇄 발행 2010년 5월 30일

출판신고 2001년 12월 5일 제313-2005-00004호
121-840 서울시 마포구 서교동 394-2
Tel (02)330-5500 Fax (02)330-5555
ISBN 978-89-5795-194-1 13710

저자와 출판사의 허락 없이 내용의 일부를 인용하거나
발췌하는 것을 금합니다.

가격은 뒤표지에 있습니다.
잘못 만들어진 책은 구입처에서 바꾸어 드립니다.

www.nexusbook.com
넥서스ACADEMY는 (주)도서출판 넥서스의 한자·수험서 전문 브랜드입니다.

읽기만 해도 술술 외워지는

漢한자字박사

우리말한자연구회 지음

5급

넥서스 ACADEMY

머리말

한자 공부 어떻게 하세요?
중요하다고 하니 무작정 외우시나요? 그러고는 어렵다고 금방 포기하지는 않는지요?
요즘 어린이들이 한자의 숲에서 헤매는 모습을 보면 참 안타깝습니다.

다들 한자는 외우는 수밖에 달리 왕도가 없다고들 하지만 그렇다고 무작정 외워서 될 일이 아닙니다. 하루만 지나면 가물가물하고, 일주일이 지나면 다시 생소한 글자로 보이는 것은 요령 없이 무작정 외우기만 하는 잘못된 학습 방법 때문입니다.

한자가 어떻게 만들어졌는지, 어떤 모양을 본떠서 만든 글자인지, 무엇과 무엇이 합쳐져 이런 뜻을 갖게 되었는지 원리를 알고 나면 훨씬 쉽게 한자를 배울 수 있습니다.

이 교재는 한국어문회에서 주관하는 한자능력검정시험의 급수를 따기 위한 교재로 개발한 시리즈물입니다. 쉽고, 빨리, 정확하게 한자를 익혀 급수를 딸 수 있는 것은 물론이고, 전반적인 한자 기초 실력을 쌓는 데 최적의 교재로 활용할 수 있도록 본문과 별책부록 등을 구성하였습니다.

재미있는 연상 암기법을 활용하여 한자를 배우는 동안 창의력도 늡니다. 한자 학습의 특별한 비법을 이 책에서 만날 수 있습니다.

이제 차근차근 한 단계씩 이 책과 함께 한자 실력을 쌓아 가세요.

우리말한자연구회

차례

contents

머리말	4
이렇게 공부하세요	6
한자능력검정시험	8
한자의 원리	12
부수의 위치와 명칭	14
한자 필순	16
부수 보기	17
8급한자 다시보기	22
7급한자 다시보기	26
6급한자 다시보기	34
5급한자 미리보기	47
기초다지기 1	62
실전문제 1	64
기초다지기 2	76
실전문제 2	78
기초다지기 3	90
실전문제 3	92
기초다지기 4	104
실전문제 4	106
기초다지기 5	118
실전문제 5	120
기초다지기 6	132
실전문제 6	134
기초다지기 7	146
실전문제 7	148
기초다지기 8	160
실전문제 8	162
기초다지기 9	174
실전문제 9	176
기초다지기 10	188
실전문제 10	190

이렇게 공부하세요

◆ 본문에 나오는 부호들

 동의어(유의어) | 반 반의어(상대어) | 비 모양이 비슷한 한자 | 속 속자, 약자

1

이래현 선생님의 독특한 연상 한자 학습 비법이 그림과 더해져 한자가 더 쉽고 오래 기억됩니다.

2

재미있는 한자퍼즐, 빈칸 채우기, 그림문제로 공부를 동시에 하는 일석이조 효과를 줍니다.

3

실제 시험과 비슷한 형식의 실전문제를 풀면서 확인 학습을 합니다.

4

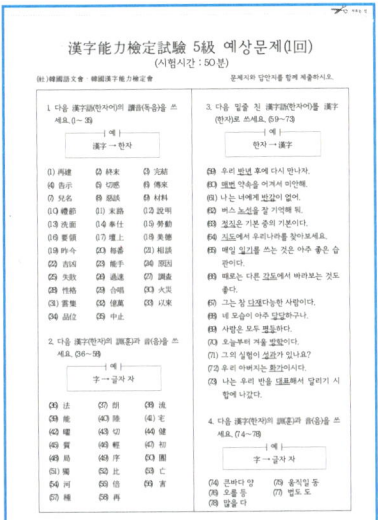

한자능력검정시험을 대비한 예상문제를 3회 실었습니다. 실제 시험이라 생각하고 뒤에 나오는 답안지에 직접 작성해 보세요.

5

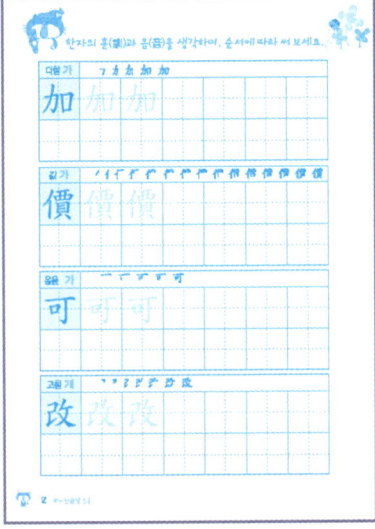

본문에서 배운 한자를 복습하는 쓰기연습장입니다. 한 글자 한 글자 또박또박 써 보세요.

6

8급부터 5급까지 배운 한자를 가지고 만든 단어장입니다. 500자만 알아도 이렇게 많은 단어를 쓸 수 있습니다. 반복해 읽어보세요. 실력이 쑥쑥 늡니다.

한자능력검정시험

▶ 한자능력검정시험이란?

한자능력검정시험은 사단법인 한국어문회가 주관하고 한국한자능력검정회가 시행하는 한자 활용 능력 검정시험입니다.

이 시험은 개인별 한자 습득 정도에 대한 객관적인 검정과, 한자 습득 의욕을 증진시켜 사회적으로 한자 활용 능력을 인정받는 우수한 인재를 양성함을 목적으로 합니다.

8급에서 4급까지는 교육급수로, 3급Ⅱ에서 1급까지는 공인급수로 구분하고 있으며, 대체적으로 초등학교에서 1000자, 중·고등학교에서 1000자, 대학교에서 1500여 자 정도로 전체 3500자의 한자를 배정하였습니다.

▶ 합격자 우대 사항

합격자 우대사항은 추가·변경되는 단체 및 우대 사항이 적용될 수 있으므로 항시 해당 단체에서 자세한 사항을 확인하시기 바랍니다.

■ 초·중·고등학생 생활기록부 등재

급수	효력	생활기록부	기재란 관련 규정
1~3급Ⅱ	국가공인자격증	'자격증' 란	교육부 훈령 제616호 11조
4급~8급	민간자격증	'세부사항' 란	교육부 훈령 제616호 18조

■ 육군 간부 승진고과에 반영(부사관 5급, 위관장교 4급, 영관장교 3급 이상)
■ 기업체의 입사, 승진, 인사고과 반영
■ 2005학년도 대학수학능력시험부터 '漢文'이 선택과목으로 채택
■ 전국한자능력검정시험의 한자능력급수 취득시 대입 면접 가산점, 학점, 졸업인증에 반영

〉 문제 유형

讀音 독음	한자의 소리를 묻는 문제입니다. 독음은 두음 법칙, 속음 현상, 장단음과도 관련이 있습니다.
訓音 훈음	한자의 뜻과 소리를 동시에 묻는 문제입니다. 특히 대표 훈음을 익히시기 바랍니다.
漢字 한자 쓰기	제시된 뜻, 소리, 단어 등에 해당하는 한자를 쓸 수 있는가를 확인하는 문제입니다.
部首 부수	한자의 부수를 묻는 문제입니다. 부수는 한자의 뜻을 짐작할 수 있는 중요한 부분입니다.
筆順 필순	한 획 한 획 쓰는 순서를 알고 있는가를 묻는 문제입니다. 글자를 바르게 쓰기 위해 필요합니다.
長短音 장단음	한자 단어의 첫소리 발음이 길고 짧음을 구분하고 있는가를 묻는 문제입니다. 4급 이상에서만 출제됩니다.
反義語/反意語 반의어 · 相對語 상대어	어떤 글자(단어)와 반대 또는 상대되는 글자(단어)를 알고 있는가를 묻는 문제입니다.
同義語/同意語 동의어 · 類義語 유의어	어떤 글자(단어)와 뜻이 같거나 유사한 글자(단어)를 알고 있는가를 묻는 문제입니다.
同音異義語 동음이의어	소리는 같고, 뜻은 다른 단어를 알고 있는가를 묻는 문제입니다.
뜻풀이	고사성어나 단어의 뜻을 제대로 알고 있는가를 묻는 문제입니다.
略字 약자	한자의 획을 줄여서 만든 약자를 알고 있는가를 묻는 문제입니다.
完成型 완성형	고사성어나 단어의 빈칸을 채우도록 하여 단어와 성어의 이해력 및 조어력을 묻는 문제입니다.

# 한자능력검정시험

▶ 출제 기준

구분	1급	2급	3급	3급II	4급	4급II	5급	6급	6급II	7급	8급
독음	50	45	45	45	30	35	35	33	32	32	24
한자쓰기	40	30	30	30	20	20	20	20	10	0	0
훈음	32	27	27	27	22	22	23	22	29	30	24
완성형	15	10	10	10	5	5	4	3	2	2	0
반의어	10	10	10	10	3	3	3	3	2	2	0
뜻풀이	10	5	5	5	3	3	3	2	2	2	0
동음이의어	10	5	5	5	3	3	3	2	0	0	0
부수	10	5	5	5	3	3	0	0	0	0	0
동의어	10	5	5	5	3	3	3	2	0	0	0
장단음	10	5	5	5	5	0	0	0	0	0	0
약자/속자	3	3	3	3	3	3	3	0	0	0	0
필순	0	0	0	0	0	0	3	3	3	2	2
출제문항(계)	200	150	150	150	100	100	100	90	80	70	50

》 출제기준표는 기본 지침 자료로서, 출제자의 의도에 따라 차이가 있을 수 있습니다.

❯ 한자능력검정시험 급수 배정

❯❯ 전체 배정 한자

구분	급수	읽기배정	쓰기배정	수준 및 특성	대상
공인급수	1급	3,500	2,005	국한 혼용 고전을 불편 없이 읽고, 공부할 수 있는 수준	전문가 · 일반인
	2급	2,355	1,817	일상 한자어를 구사할 수 있는 수준	대학생 · 일반인
	3급	1,817	1,000	신문 또는 일반 교양어를 읽을 수 있는 수준	고등학생
	3급II	1,500	750	4급과 3급의 격차를 해소하기 위한 급수	중학생
교육급수	4급	1,000	500	초급에서 중급으로 올라가는 급수	초등학교 6학년
	4급II	750	400	5급과 4급의 격차를 해소하기 위한 급수	초등학교 5학년
	5급	500	300	학습용 한자 쓰기를 시작하는 급수	초등학교 4학년
	6급	300	150	기초 한자 쓰기를 시작하는 급수	초등학교 3학년
	6급II	300	50	한자 쓰기를 시작하는 첫 급수	초등학교 3학년
	7급	150	–	한자 공부를 처음 시작하는 분을 위한 초급 단계	초등학교 2학년
	8급	50	–	미취학생 또는 초등학생의 학습 동기 부여를 위한 급수	초등학교 1학년

❯❯ 상위 급수 한자는 하위 급수 한자를 모두 포함하고 있습니다.
❯❯ 쓰기 배정 한자는 한두 급수 아래의 읽기 배정 한자이거나 그 범위 내에 있습니다.
❯❯ 초등학생은 4급, 중 · 고등학생은 3급, 대학생은 2급과 1급 취득에 목표를 두고, 학습하길 권해 드립니다.

한자의 원리

▶ 육서란?

한자는 일정한 모양과 뜻 그리고 소리로 이루어져 있습니다. 사용하고 있는 한자는 수도 많고, 모양도 복잡합니다. 하지만 아무리 수가 많고 복잡하다 하더라도 몇 가지 일정한 원칙하에서 만들어진 것인데, 그것을 바로 '육서' 라고 합니다.

① 상형문자(象形文字)

'상형' 이란 사물의 모양을 있는 그대로 본뜬다는 의미로, '상형문자' 란 바로 사물의 모양을 본떠 만든 글자입니다.

② 지사문자(指事文字)

특별한 형체가 없고 구체적인 모양으로 나타낼 수 없는 것들을 간단한 선이나 점 등의 기호로 나타낸 것을 '지사문자' 라고 합니다.

③ 회의문자(會意文字)

이미 만들어진 상형문자나 지사문자가 둘 이상 합쳐져 새로운 뜻을 나타내는 글자를 '회의문자' 라고 합니다.

明　밝을 명　日(날 일) + 月(달 월)
　　　　　　　해와 달이 있으면 밝기 때문에 '밝다' 라는 의미

好　좋을 호　女(계집 녀) + 子(아들 자)
　　　　　　　여자와 남자가 만나면 서로 기쁘기 때문에 '좋다', '아름답다' 라는 의미

④ 형성문자(形聲文字)

뜻을 나타내는 부분과 음을 나타내는 부분이 합쳐져서 만들어진 글자를 '형성문자' 라고 합니다.

聞　들을 문　耳(귀 이) + 門(문 문)
　　　　　　　귀로 듣는다는 의미와 소리 부분인 '門(문 문)' 이 합쳐진 글자

請　청할 청　言(말씀 언) + 靑(푸를 청)
　　　　　　　말을 한다는 의미와 소리 부분인 '靑(푸를 청)' 이 합쳐진 글자

⑤ 전주문자(轉注文字)

기존에 있는 글자를 다른 뜻으로 바꾸어 사용하는 것으로, 본래의 의미가 확대되어 다른 뜻과 음으로도 사용되는 글자를 '전주문자' 라고 합니다.

樂　노래 악 (본래의 의미)　　즐거울 락 / 좋아할 요 (전주된 의미)
說　말씀 설 (본래의 의미)　　기쁠 열 / 달랠 세 (전주된 의미)

⑥ 가차문자(假借文字)

본래의 뜻과는 상관없이 비슷한 음의 글자를 임시로 빌려 쓰는 글자를 '가차문자' 라고 합니다.

印度 인도　|　巴利 파리　|　亞細亞 아세아(아시아)

부수의 위치와 명칭

> **변**

부수가 글자 왼쪽에 위치

- 亻 **사람인변** : 仁 어질 인, 代 대신할 대, 付 부칠 부
- 冫 **이수변** : 冷 찰 랭, 冬 얼 동, 凉 서늘할 량
- 示 **보일시변** : 祖 조상 조, 祝 빌 축, 福 복 복
- 言 **말씀언변** : 記 기록할 기, 訓 가르칠 훈, 訪 찾을 방

> **방**

부수가 글자 오른쪽에 위치

- 刂 **선칼도방** : 刊 책펴낼 간, 利 이로울 이, 別 나눌/다를 별
- 卩 **병부절** : 卯 토끼 묘, 印 도장 인, 却 물리칠 각
- 欠 **하품흠** : 次 버금 차, 欲 하고자할 욕, 歌 노래 가
- 頁 **머리혈** : 順 순할 순, 項 목 항, 領 옷깃 령

> **머리**

부수가 글자 윗부분에 위치

- 亠 **돼지해머리** : 交 사귈 교, 亨 형통할 형, 京 서울 경
- 宀 **갓머리** : 宇 집 우, 安 편안할 안, 官 벼슬 관
- 艹 **초두머리** : 花 꽃 화, 苦 쓸 고, 英 꽃부리 영
- 竹 **대죽** : 笑 웃을 소, 答 대답 답, 第 차례 제

> **발**

부수가 글자 아랫부분에 위치

- 灬 **연화발** : 無 없을 무, 烈 세찰 렬, 烏 까마귀 오
- 儿 **어진사람인발** : 兄 맏 형, 光 빛 광, 元 으뜸 원
- 心 **마음심** : 忌 꺼릴 기, 忘 잊을 망, 忍 참을 인
- 皿 **그릇명** : 盜 훔칠 도, 益 더할 익, 盛 담을 성

> **엄**

부수가 글자 위와 왼쪽을 덮고 있는 부분에 위치

厂 민엄호 : 厚 두터울 후, 原 근원 원, 厄 액 액
广 엄호　 : 度 법도 도/헤아릴 탁, 序 차례 서, 府 마을 부
尸 주검시 : 屋 집 옥, 局 판 국, 居 살 거
虍 범호엄 : 虎 범 호, 處 곳 처, 虛 빌 허

> **받침**

부수가 글자의 왼쪽과 밑을 싸고 있는 부분에 위치

辶 책받침　 : 近 가까울 근, 逆 거스를 역, 追 쫓을 추
廴 민책받침 : 建 세울 건, 廷 조정 정, 延 끌 연

> **몸**

부수가 글자 둘레를 에워싸는 부분에 위치

凵 위튼입구몸 : 凹 오목할 요, 出 날 출, 凶 흉할 흉
匸 감출혜몸　 : 區 나눌 구, 匹 짝 필, 匿 숨길 닉
匚 튼입구몸　 : 匠 장인 장, 匣 갑 갑, 匱 함 궤
囗 큰입구몸　 : 四 넉 사, 國 나라 국, 困 곤할 곤

> **제부수**

부수가 그대로 한 글자로 구성

行 다닐 행
見 볼 견
金 쇠 금
高 높을 고

▶ 한자 필순의 기본 규칙

한자의 필순(筆順)이란 빠르면서도 맵시 있는 글자를 쓰기 위해서 만들어졌습니다. 그러므로 처음부터 글자를 익힐 때 순서에 맞게 익혀야 합니다. 아래의 필순은 기본 필순을 따른 것입니다. 예외의 경우도 있으니, 본문에 나오는 각 한자의 필순을 주의해서 보세요.

① 왼쪽에서 오른쪽으로 씁니다.
　 丿 丿丨 川

② 위에서 아래로 씁니다.
　 一 二 三

③ 가로획과 세로획이 교차될 때는 가로획을 먼저 쓰고 세로획을 씁니다.
　 一 十 土 耂 寺 寺

④ 삐침과 파임이 만날 때는 삐침을 먼저 씁니다.
　 丿 八 ケ 父

⑤ 서로 대칭인 경우, 가운데를 쓰고 좌우를 씁니다.
　 亅 丨丨 小

⑥ 안쪽과 바깥쪽이 있을 때는 바깥쪽을 먼저 씁니다.
　 丨 冂 冂 同 同 同

⑦ 글자 전체를 꿰뚫는 획은 나중에 씁니다.
　 丨 冂 口 中

⑧ 오른쪽 위의 점은 맨 나중에 찍습니다.
　 丿 亻 仁 代 代

부수 보기

*부수를 알면 한자를 이해하기 쉽습니다.
차근차근 살펴보세요

1획

丶	점주
一	한일
丨	뚫을곤
丿	삐침
亅	갈고리궐
乙	새을

2획

부수	이름
十	열십
亠	돼지해머리
冂	멀경몸
八	여덟팔
匕	비수비
儿	어진사람인발
二	두이
人	사람인
亻(人)	사람인변
入	들입
冫	이수변
力	힘력
刀	칼도
刂(刀)	선칼도방
冖	민갓머리
几	안석궤
勹	쌀포몸
卜	점복
卩	병부절
厂	민엄호
厶	마늘모

3획

부수	이름
又	또우
凵	위튼입구몸
囗	큰입구몸
口	입구
女	계집녀
干	방패간
大	큰대
士	선비사
寸	마디촌
土	흙토
子	아들자
山	뫼산
小	작을소
宀	갓머리
夕	저녁석
弓	활궁
工	장인공
巾	수건건
巛(川)	개미허리
夊	천천히걸을쇠발
夂	뒤쳐올 치
尢	절름발이왕
尸	주검시
屮	왼손좌
己	몸기
幺	작을요
广	엄호

17

	辶	민책받침	曰	가로왈
	廾	스물입발	爪	손톱조
	弋	주살익	爻	점괘효
	彐	튼가로왈	爿	장수장변
	彡	터럭삼	片	조각편
	彳	두인변	牙	어금니아
	氵(水)	삼수변	犬	개견
	忄(心)	심방변	氏	각시씨
	扌(手)	재방변	⺿(艸)	초두머리
	犭(犬)	개사슴록변	毋	말무
	阝(邑)	우부방	父	아비부
	阝(阜)	좌부변	水	물수
			月	달월
			月(肉)	육달월
4획	欠	하품흠	日	날일
	戈	창과	火	불화
	歹	죽을사변	灬(火)	연화발
	殳	갖은등글월문	方	모방
	比	견줄비	气	기운기엄
	毛	터럭모	辶(辵)	책받침
	止	그칠지	文	글월문
	木	나무목	牛	소우
	攴	칠복	戶	지게호
	攵(攴)	등글월문	手	손수
	支	가를지	心	마음심
	斗	말두	王(玉)	구슬옥변
	斤	날근	礻(示)	보일시변
	无	없을무	耂(老)	늙을로엄
	旡(无)	이미기방		

5획

生	날생
玉	구슬옥
白	흰백
穴	구멍혈
田	밭전
癶	필발머리
立	설립
玄	검을현
瓜	외과
瓦	기와와
甘	달감
用	쓸용
疋	짝필
疒	병질엄
皮	가죽피
皿	그릇명
矛	창모
矢	화살시
石	돌석
禸	짐승발자국유
示	보일시
目	눈목
禾	벼화
衤(衣)	옷의변

6획

襾	덮을아
米	쌀미
缶	장군부
网	그물망
羊	양양
羽	깃우
而	말이을이
耒	가래뢰
耳	귀이
聿	오직율
肉	고기육
臣	신하신
至	이를지
臼	절구구
舌	혀설
舛	어그러질천
舟	배주
艮	괘이름간
艸	풀초
虍	범호엄
虫	벌레충
血	피혈
行	다닐행
衣	옷의
竹	대죽
色	빛색
自	스스로자
糸	실사
老	늙을로

7획

| 車 | 수레거 |

8획			9획	
言	말씀언		非	아닐비
辰	별진		韋	다룸가죽위
見	볼견		面	낯면
角	뿔각		食	밥식
谷	골곡		革	가죽혁
豆	콩두		韭	부추구
豕	돼지시		音	소리음
豸	갖은돼지시		頁	머리혈
貝	조개패		風	바람풍
赤	붉을적		飛	날비
走	달아날주		首	머리수
身	몸신		香	향기향
辛	매울신			
辵	책받침	10획	馬	말마
酉	닭유		骨	뼈골
釆	분별할변		高	높을고
里	마을리		髟	터럭발
邑	고을읍		鬥	싸울투
足	발족		鬯	울창주창
			鬲	다리굽은솥력
金	쇠금		鬼	귀신귀
門	문문			
長	길장	11획	魚	물고기어
靑	푸를청		鳥	새조
雨	비우		鹵	짠땅로
阜	언덕부		鹿	사슴록
隶	미칠이			
隹	새추			

12획	麥	보리맥
	麻	삼마
	黃	누를황
	黍	기장서
	黑	검을흑
	黹	바느질할치
13획	黽	맹꽁이맹
	鼎	솥정
	鼓	북고
	鼠	쥐서
14획	鼻	코비
	齊	가지런할제
15획	齒	이치
16획	龍	용룡
	龜	거북귀
17획	龠	피리약

8급한자 다시보기

校	학교 교 ▸ 부수 _ 木(나무목) ▸ 총획 _ 10

一 十 才 木 朽 杧 栌 栌 校 校

校門(교문) | 母校(모교) | 學校(학교)

南	남녘 남 ▸ 부수 _ 十(열십) ▸ 총획 _ 9

一 十 十 冂 冉 南 南 南 南

南部⁵급(남부) | 南山(남산) | 南海⁷급(남해)

教	가르칠 교 ▸ 부수 _ 攵(攴)(등글월문) ▸ 총획 _ 11

丿 メ チ チ 耂 考 孝 孝 教 教

敎生(교생) | 敎室(교실) | 敎正⁷급(교정)

女	계집 녀 ▸ 부수 _ 女(계집녀) ▸ 총획 _ 3

く 女 女

女兒⁵급(여아) | 女王(여왕) | 女人(여인)

九	아홉 구 ▸ 부수 _ 乙(새을) ▸ 총획 _ 2

丿 九

九死⁶급一生(구사일생) | 九月(구월)

年	해 년 ▸ 부수 _ 干(방패간) ▸ 총획 _ 6

丿 ㄧ ㅗ 上 午 年

年金(연금) | 成⁶급年(성년) | 靑年(청년)

國	나라 국 ▸ 부수 _ 囗(큰입구몸) ▸ 총획 _ 11

丨 冂 冂 冋 冋 冋 囯 國 國 國 國

國軍(국군) | 國民(국민) | 外國(외국)

大	큰 대 ▸ 부수 _ 大(큰대) ▸ 총획 _ 3

一 ナ 大

大門(대문) | 大小(대소) | 大學(대학)

軍	군사 군 ▸ 부수 _ 車(수레거) ▸ 총획 _ 9

冖 宀 宀 冒 冒 冒 宣 軍

軍人(군인) | 國軍(국군) | 女軍(여군)

東	동녘 동 ▸ 부수 _ 木(나무목) ▸ 총획 _ 8

一 丆 冂 日 旦 車 東 東

東山(동산) | 東西(동서) | 東洋⁶급(동양)

金	쇠 금 / 성 김 ▸ 부수 _ 金(쇠금) ▸ 총획 _ 8

丿 人 入 全 全 全 全 金

金錢⁴급(금전) | 黃⁶급金(황금) | 金氏⁴급(김씨)

六	여섯 륙 ▸ 부수 _ 八(여덟팔) ▸ 총획 _ 4

丶 一 六 六

六十(육십) | 六月(유월) | 十六(십육)

萬	일만 만 ▶ 부수 _ 艹(㠱)(초두머리) ▶ 총획 _ 13	父	아비 부 ▶ 부수 _ 父(아비부) ▶ 총획 _ 4
一十十十十节节节苗莒萬萬萬		ノ ハ グ 父	
萬國(만국) │ 萬年(만년) │ 萬物(만물)		父女(부녀) │ 父母(부모) │ 父子(부자)	

母	어미 모 ▶ 부수 _ 毋(말무) ▶ 총획 _ 5	北	북녘 북 / 달아날 배 ▶ 부수 _ 匕(비수비) ▶ 총획 _ 5
ㄴ ㄐ 丹 母 母		丨 ㅏ ㅓ ㅓ 北	
母校(모교) │ 母國(모국) │ 母女(모녀)		北韓(북한) │ 南北(남북) │ 敗北(패배)	

木	나무 목 ▶ 부수 _ 木(나무목) ▶ 총획 _ 4	四	넉 사 ▶ 부수 _ 囗(큰입구몸) ▶ 총획 _ 5
一 十 才 木		丨 冂 𠃌 四 四	
木工(목공) │ 木馬(목마) │ 木手(목수)		四角(사각) │ 四月(사월) │ 四寸(사촌)	

門	문 문 ▶ 부수 _ 門(문문) ▶ 총획 _ 8	山	뫼 산 ▶ 부수 _ 山(뫼산) ▶ 총획 _ 3
丨 ㄈ ㄏ ㄏ ㄗ 門 門 門		丨 ㅛ 山	
門中(문중) │ 校門(교문) │ 大門(대문)		山水(산수) │ 西山(서산) │ 火山(화산)	

民	백성 민 ▶ 부수 _ 氏(각시씨) ▶ 총획 _ 5	三	석 삼 ▶ 부수 _ 一(한일) ▶ 총획 _ 3
ㄱ ㄱ ㄸ 民 民		一 二 三	
民間(민간) │ 民心(민심) │ 國民(국민)		三國(삼국) │ 三月(삼월) │ 三寸(삼촌)	

白	흰 백 ▶ 부수 _ 白(흰백) ▶ 총획 _ 5	生	날 생 ▶ 부수 _ 生(날생) ▶ 총획 _ 5
ノ 丶 丶 白 白		ノ 一 ㅗ 生 生	
白軍(백군) │ 白水(백수) │ 白人(백인)		生家(생가) │ 生母(생모) │ 學生(학생)	

西	서녘 서 ▶ 부수 _ 襾(덮을아) ▶ 총획 _ 6

一 丆 冂 襾 襾 西

西方⁷급(서방) | 西山(서산) | 西洋⁶급(서양)

先	먼저 선 ▶ 부수 _ 儿 (어진사람인발) ▶ 총획 _ 6

丿 ㇄ 生 步 先

先山(선산) | 先生(선생) | 先人(선인)

小	작을 소 ▶ 부수 _ 小(작을소) ▶ 총획 _ 3

亅 小 小

小兒⁵급(소아) | 小人(소인) | 大小(대소)

水	물 수 ▶ 부수 _ 水(물수) ▶ 총획 _ 4

亅 丁 水 水

水道⁷급(수도) | 水門(수문) | 生水(생수)

室	집 실 ▶ 부수 _ 宀(갓머리) ▶ 총획 _ 9

丶 宀 宀 宀 宀 宀 室 室 室

室外(실외) | 校室(교실) | 王室(왕실)

十	열 십 ▶ 부수 _ 十(열십) ▶ 총획 _ 2

一 十

十日(십일) | 十月(시월) | 二十(이십)

五	다섯 오 ▶ 부수 _ 二(두이) ▶ 총획 _ 4

一 丁 五 五

五十(오십) | 五月(오월) | 五日(오일)

王	임금 왕 ▶ 부수 _ 王 (玉)(구슬옥변) ▶ 총획 _ 4

一 二 千 王

王家⁷급(왕가) | 王國(왕국) | 王子(왕자)

外	바깥 외 ▶ 부수 _ 夕(저녁석) ▶ 총획 _ 5

丿 ク 夕 夘 外

外界⁶급(외계) | 外交⁶급(외교) | 外國(외국)

月	달 월 ▶ 부수 _ 月(달월) ▶ 총획 _ 4

丿 冂 月 月

一月(일월) | 二月(이월) | 三月(삼월)

二	두 이 ▶ 부수 _ 二(두이) ▶ 총획 _ 2

一 二

二年(이년) | 二等⁶급(이등) | 二月(이월)

人	사람 인 ▶ 부수 _ 人(사람인) ▶ 총획 _ 2

丿 人

人力⁷급(인력) | 人生(인생) | 人心⁷급(인심)

一	한 일 ▶ 부수 _ 一(한일) ▶ 총획 _ 1

一

一年(일년) | 一生(일생) | 一月(일월)

寸	마디 촌 ▶ 부수 _ 寸(마디촌) ▶ 총획 _ 3

一寸寸

寸數(촌수) | 四寸(사촌) | 三寸(삼촌)

日	날 일 ▶ 부수 _ 日(날일) ▶ 총획 _ 4

丨冂冃日

日課5급(일과) | 日記7급(일기) | 生日(생일)

七	일곱 칠 ▶ 부수 _ 一(한일) ▶ 총획 _ 2

一七

七夕7급(칠석) | 七十(칠십) | 七月(칠월)

長	긴, 어른 장 ▶ 부수 _ 長(길장) ▶ 총획 _ 8

一Ｔ Ｆ Ｆ 트 트 長 長

長女(장녀) | 長大(장대) | 長生(장생)

土	흙 토 ▶ 부수 _ 土(흙토) ▶ 총획 _ 3

一十土

土木(토목) | 土地7급(토지) | 國土(국토)

弟	아우 제 ▶ 부수 _ 弓(활궁) ▶ 총획 _ 7

丶丷⺍ 当 肖 弟 弟

弟子(제자) | 師4-2급弟(사제) | 兄弟(형제)

八	여덟 팔 ▶ 부수 _ 八(여덟팔) ▶ 총획 _ 2

丿八

八面7급(팔면) | 八十(팔십) | 八月(팔월)

中	가운데 중 ▶ 부수 _ 丨(뚫을곤) ▶ 총획 _ 4

丨冂口中

中間7급(중간) | 中年(중년) | 中心7급(중심)

學	배울 학 ▶ 부수 _ 子(아들자) ▶ 총획 _ 16

＇ ｲ ｲ ｲ ｲ' ｲ" 阝 臼 臼 舀 磨 磨 學 學 學

學校(학교) | 學年(학년) | 學生(학생)

靑	푸를 청 ▶ 부수 _ 靑(푸를청) ▶ 총획 _ 8

一 二 丰 主 青 青 青 青

靑軍(청군) | 靑年(청년) | 靑山(청산)

韓	한국, 나라이름 한 ▶ 부수 _ 韋(다룸가죽위) ▶ 총획 _ 17

一 十 艹 吉 古 直 卓 草 乾 乾 乾 軑 韓 韓 韓

韓國(한국) | 南韓(남한) | 北韓(북한)

25

兄
맏 형
- 부수 _ 儿(어진사람인발)
- 총획 _ 5

丿口口尸兄

兄夫(형부) | 兄弟(형제) | 妹兄(매형)

火
불 화
- 부수 _ 火(불화)
- 총획 _ 4

丶丶丿火

火力(화력) | 火山(화산) | 消火(소화)

7급한자 다시보기

歌
노래 가
- 부수 _ 欠(하품흠)
- 총획 _ 14

一丅丅可可可哥哥哥哥歌歌歌

歌手(가수) | 校歌(교가) | 祝歌(축가)

車
수레 거(차)
- 부수 _ 車(수레거)
- 총획 _ 7

一丅丆百亘車車

車馬(거마) | 車內(차내) | 車道(차도)

家
집 가
- 부수 _ 宀(갓머리)
- 총획 _ 10

丶丶宀宁宁宇宇家家家

家長(가장) | 家風(가풍) | 大家(대가)

工
장인 공
- 부수 _ 工(장인공)
- 총획 _ 3

一丁工

工夫(공부) | 工場(공장) | 人工(인공)

間
사이 간
- 부수 _ 門(문문)
- 총획 _ 12

丨丨丨丨門門門門門間間間

間食(간식) | 年間(연간) | 時間(시간)

空
빌 공
- 부수 _ 穴(구멍혈)
- 총획 _ 8

丶丶宀宁宁空空空

空間(공간) | 空氣(공기) | 空中(공중)

江
강 강
- 부수 _ 氵(水)(삼수변)
- 총획 _ 6

丶丶氵江江江

江村(강촌) | 江南(강남) | 江山(강산)

口
입 구
- 부수 _ 口(입구)
- 총획 _ 3

丨口口

人口(인구) | 有口無言(유구무언)

旗	기 기
	▶ 부수 _ 方(모방)
	▶ 총획 _ 14

`㇐㇐㇒方方方方方㫃㫃旂旂旗旗旗`

旗手(기수) | 國旗(국기) | 軍旗(군기)

記	기록할 기
	▶ 부수 _ 言(말씀언)
	▶ 총획 _ 10

`㇐㇑㇐㇐言言言言言記記`

記事(기사) | 手記(수기) | 日記(일기)

氣	기운 기
	▶ 부수 _ 气(기운기엄)
	▶ 총획 _ 10

`㇒㇐㇐气气気気氣氣氣`

氣力(기력) | 空氣(공기) | 生氣(생기)

男	사내 남
	▶ 부수 _ 田(밭전)
	▶ 총획 _ 7

`㇐㇑㇐田田男男`

男女(남녀) | 男兒(남아) | 男子(남자)

內	안 내
	▶ 부수 _ 入(들입)
	▶ 총획 _ 4

`㇐㇑㇐內`

內外(내외) | 內心(내심) | 內面(내면)

農	농사 농
	▶ 부수 _ 辰(별진)
	▶ 총획 _ 13

`㇐㇑㇐曲曲曲農農農農農農`

農村(농촌) | 農事(농사) | 農夫(농부)

答	대답 답
	▶ 부수 _ 竹(대죽)
	▶ 총획 _ 12

`㇒㇐㇐竹竹竹竹竹答答答答`

答歌(답가) | 問答(문답) | 名答(명답)

道	길 도
	▶ 부수 _ 辶(辵)(책받침)
	▶ 총획 _ 13

`㇒㇐㇐首首首首首首道道道`

車道(차도) | 道家(도가) | 正道(정도)

冬	겨울 동
	▶ 부수 _ 冫(이수변)
	▶ 총획 _ 5

`㇒㇐冬冬冬`

春夏秋冬(춘하추동) | 冬至(동지)

動	움직일 동
	▶ 부수 _ 力(힘력)
	▶ 총획 _ 11

`㇒㇐㇐重重重重重動動`

動力(동력) | 行動(행동) | 自動(자동)

同	한가지 동
	▶ 부수 _ 口(입구)
	▶ 총획 _ 6

`㇑㇐㇐同同同`

同時(동시) | 同苦同樂(동고동락)

洞	마을 동 / 통할 통
	▶ 부수 _ 氵(水)(삼수변)
	▶ 총획 _ 9

`㇒㇐㇐洞洞洞洞洞洞`

洞里(동리) | 洞口(동구) | 洞察(통찰)

登	오를 등
	▶ 부수 _ 癶(필발머리)
	▶ 총획 _ 12

ㄱ ㄱ ㄱ' ㄱ' 癶 癶 癶 癶 癶 登 登 登

登校(등교) | 登場(등장) | 登山(등산)

立	설 립
	▶ 부수 _ 立(설립)
	▶ 총획 _ 5

` 亠 立 立 立

立春(입춘) | 立場(입장) | 中立(중립)

來	올 래
	▶ 부수 _ 人(사람인)
	▶ 총획 _ 8

一 厂 厂 厂 爫 爫 來 來

來年(내년) | 來日(내일) | 往來(왕래)

每	매양 매
	▶ 부수 _ 毋(말무)
	▶ 총획 _ 7

丿 亠 仁 每 每 每 每

每年(매년) | 每事(매사) | 每月(매월)

力	힘 력
	▶ 부수 _ 力(힘력)
	▶ 총획 _ 2

ㄱ 力

全力(전력) | 學力(학력) | 人力(인력)

面	낯 면
	▶ 부수 _ 面(낯면)
	▶ 총획 _ 9

一 丆 厂 丙 而 面 面 面 面

正面(정면) | 內面(내면) | 外面(외면)

老	늙을 로
	▶ 부수 _ 老(늙을로)
	▶ 총획 _ 6

一 十 土 耂 耂 老

老年(노년) | 老人(노인) | 年老(연로)

名	이름 명
	▶ 부수 _ 口(입구)
	▶ 총획 _ 6

丿 ク タ タ 名 名

名物(명물) | 有名(유명) | 人名(인명)

里	마을 리
	▶ 부수 _ 里(마을리)
	▶ 총획 _ 7

丨 冂 冂 日 旦 甲 里

洞里(동리) | 萬里長城(만리장성)

命	목숨, 명령 명
	▶ 부수 _ 口(입구)
	▶ 총획 _ 8

丿 人 亼 亼 佘 佘 命 命

天命(천명) | 生命(생명) | 人命(인명)

林	수풀 림
	▶ 부수 _ 木(나무목)
	▶ 총획 _ 8

一 十 才 木 村 材 林

林學(임학) | 林木(임목) | 山林(산림)

問	물을 문
	▶ 부수 _ 口(입구)
	▶ 총획 _ 11

丨 冂 冂 門 門 門 門 門 問 問 問

學問(학문) | 東問西答(동문서답)

文	글월 문 ▶ 부수 _ 文(글월문) ▶ 총획 _ 4

`ᐟ 亠 方 文`

文學(문학) | 文人(문인) | 名文(명문)

物	물건 물 ▶ 부수 _ 牛(소우) ▶ 총획 _ 8

`ᐟ 亠 牜 牛 牛 牜 物 物`

事物(사물) | 人物(인물) | 萬物(만물)

方	모 방 ▶ 부수 _ 方(모방) ▶ 총획 _ 4

`ᐟ 亠 方 方`

方便(방편) | 四方(사방) | 地方(지방)

百	일백 백 ▶ 부수 _ 白(흰백) ▶ 총획 _ 6

`一 丆 万 百 百 百`

百方(백방) | 百發百中(백발백중)

夫	지아비 부 ▶ 부수 _ 大(큰대) ▶ 총획 _ 4

`一 二 夫 夫`

夫人(부인) | 農夫(농부) | 夫子(부자)

不	아닐 불(부) ▶ 부수 _ 一(한일) ▶ 총획 _ 4

`一 丆 ォ 不`

不動(부동) | 不平(불평) | 不便(불편)

事	일 사 ▶ 부수 _ 亅(갈고리궐) ▶ 총획 _ 8

`一 亠 ㄇ 日 目 写 写 事`

事物(사물) | 農事(농사) | 家事(가사)

算	셈할 산 ▶ 부수 _ 竹(대죽) ▶ 총획 _ 14

`ᐟ ᐟ ⺮ ⺮ ⺮ 竹 竹 竹 笞 笞 算 算 算 算`

算出(산출) | 算數(산수) | 電算(전산)

上	위 상 ▶ 부수 _ 一(한일) ▶ 총획 _ 3

`ᐧ ㅏ 上`

上下(상하) | 地上(지상) | 海上(해상)

色	빛 색 ▶ 부수 _ 色(빛색) ▶ 총획 _ 6

`ᐟ ⺈ ⺈ ⺈ 色 色`

白色(백색) | 靑色(청색) | 氣色(기색)

夕	저녁 석 ▶ 부수 _ 夕(저녁석) ▶ 총획 _ 3

`ᐟ ク 夕`

夕陽(석양) | 秋夕(추석) | 七夕(칠석)

姓	성 성 ▶ 부수 _ 女(계집녀) ▶ 총획 _ 8

`ㄥ 女 女 女 妙 姓 姓 姓`

姓名(성명) | 姓氏(성씨) | 百姓(백성)

世	인간, 세대 세 ▶ 부수 _ 一(한일) ▶ 총획 _ 5

一 十 世 世 世

世界(세계) | 世上萬事(세상만사)

時	때 시 ▶ 부수 _ 日(날일) ▶ 총획 _ 10

丨 冂 日 日 日 旷 旷 旷 時 時

時間(시간) | 日時(일시) | 同時(동시)

少	적을 소 ▶ 부수 _ 小(작을소) ▶ 총획 _ 4

丨 小 小 少

少數(소수) | 男女老少(남녀노소)

植	심을 식 ▶ 부수 _ 木(나무목) ▶ 총획 _ 12

一 十 才 木 木 村 村 村 柏 植 植 植

植木(식목) | 植物(식물) | 植民(식민)

所	바, 곳 소 ▶ 부수 _ 戶(지게호) ▶ 총획 _ 8

丶 ᄀ ᄼ 户 户 所 所 所

所有(소유) | 住所(주소) | 名所(명소)

食	밥, 먹을 식 ▶ 부수 _ 食(밥식) ▶ 총획 _ 9

丿 人 人 今 今 今 食 食 食

食口(식구) | 食事(식사) | 外食(외식)

手	손 수 ▶ 부수 _ 手(손수) ▶ 총획 _ 4

一 二 三 手

手工(수공) | 手話(수화) | 歌手(가수)

心	마음 심 ▶ 부수 _ 心(마음심) ▶ 총획 _ 4

丶 心 心 心

心氣(심기) | 人心(인심) | 中心(중심)

數	셈 수 ▶ 부수 _ 攵(攴)(등글월문) ▶ 총획 _ 15

丨 口 日 日 串 串 串 婁 婁 婁 數 數 數

數字(숫자) | 數學(수학) | 算數(산수)

安	편안할 안 ▶ 부수 _ 宀(갓머리) ▶ 총획 _ 6

丶 宀 宀 安 安 安

安心(안심) | 不安(불안) | 問安(문안)

市	저자 시 ▶ 부수 _ 巾(수건건) ▶ 총획 _ 5

丶 宀 六 市 市

市民(시민) | 市內(시내) | 市場(시장)

語	말씀 어 ▶ 부수 _ 言(말씀언) ▶ 총획 _ 14

丶 亠 言 言 言 言 訂 語 語 語 語

國語(국어) | 語不成說(어불성설)

然	그러할 연 ▶ 부수 _ 灬(火)(연화발) ▶ 총획 _ 12

丿 ク タ タ- 夕- 夗 妖 然 然 然 然 然

然後(연후) | 天然(천연) | 自然(자연)

午	낮 오 ▶ 부수 _ 十(열십) ▶ 총획 _ 4

丿 亻 亠 午

午前(오전) | 午後(오후) | 上午(상오)

右	오른쪽 우 ▶ 부수 _ 口(입구) ▶ 총획 _ 5

丿 ナ 十 右 右

右便(우편) | 右往左往(우왕좌왕)

有	있을 유 ▶ 부수 _ 月(달월) ▶ 총획 _ 6

丿 ナ 十 冇 有 有

有名(유명) | 有力(유력) | 國有(국유)

育	기를 육 ▶ 부수 _ 月(肉)(육달월) ▶ 총획 _ 8

丶 亠 ㄠ 产 育 育 育

育成(육성) | 育兒(육아) | 敎育(교육)

邑	고을 읍 ▶ 부수 _ 邑(고을읍) ▶ 총획 _ 7

丨 口 口 口 吕 邑 邑

邑內(읍내) | 邑長(읍장) | 邑民(읍민)

入	들 입 ▶ 부수 _ 入(들입) ▶ 총획 _ 2

丿 入

入金(입금) | 入口(입구) | 入學(입학)

子	아들 자 ▶ 부수 _ 子(아들자) ▶ 총획 _ 3

丁 了 子

子女(자녀) | 子弟(자제) | 子正(자정)

字	글자 자 ▶ 부수 _ 子(아들자) ▶ 총획 _ 6

丶 宀 宀 宇 宁 字

數字(숫자) | 文字(문자) | 漢字(한자)

自	스스로 자 ▶ 부수 _ 自(스스로자) ▶ 총획 _ 6

丿 亻 亻 白 自 自

自力(자력) | 自立(자립) | 自然(자연)

場	마당 장 ▶ 부수 _ 土(흙토) ▶ 총획 _ 12

一 十 土 圢 圬 坦 坦 埸 場 場 場 場

場面(장면) | 場所(장소) | 市場(시장)

全	온전할 전 ▶ 부수 _ 入(들입) ▶ 총획 _ 6

丿 入 人 仝 全 全

全力(전력) | 全面(전면) | 全國(전국)

前
앞 전
- 부수 _ 刂(刀)(선칼도방)
- 총획 _ 9

丶丷广产产前前前

前方(전방) | 前後(전후) | 前生(전생)

電
번개 전
- 부수 _ 雨(비우)
- 총획 _ 13

一一一戸币币币而雨雷雷雷電

電氣(전기) | 電力(전력) | 電火(전화)

正
바를 정
- 부수 _ 止(그칠지)
- 총획 _ 5

一丁F正正

正面(정면) | 正直(정직) | 不正(부정)

祖
할아비 조
- 부수 _ 示(보일시)
- 총획 _ 10

一二 亍 亍 ネ 衤 剂 剂 祖 祖

祖國(조국) | 祖母(조모) | 祖父(조부)

足
발 족
- 부수 _ 足(발족)
- 총획 _ 7

丨口口卩卩무足

四足(사족) | 手足(수족) | 不足(부족)

左
왼 좌
- 부수 _ 工(장인공)
- 총획 _ 5

一ナ ナ 左 左

左便(좌편) | 左手(좌수) | 左右(좌우)

主
임금, 주인 주
- 부수 _ 丶(점주)
- 총획 _ 5

丶 二 三 主 主

主人(주인) | 主客(주객) | 主食(주식)

住
살 주
- 부수 _ 亻(人)(사람인변)
- 총획 _ 7

丿亻亻亻亻住住

住民(주민) | 住所(주소) | 入住(입주)

重
무거울 중
- 부수 _ 里(마을리)
- 총획 _ 9

一 二 千 亍 台 盲 盲 重 重

重事(중사) | 重力(중력) | 重大(중대)

地
땅 지
- 부수 _ 土(흙토)
- 총획 _ 6

一十土土切地

地下(지하) | 地方(지방) | 天地(천지)

紙
종이 지
- 부수 _ 糸(실사)
- 총획 _ 10

ㄴ ㄴ 幺 乡 爷 糸 糸 絍 紙 紙

紙面(지면) | 便紙(편지) | 白紙(백지)

直
곧을 직
- 부수 _ 目(눈목)
- 총획 _ 8

一十十十古方 直 直

直面(직면) | 直前(직전) | 正直(정직)

千	일천 천 ▶ 부수 _ 十(열십) ▶ 총획 _ 3

丿 二 千

千秋(천추) | 千軍萬馬(천군만마)

天	하늘 천 ▶ 부수 _ 大(큰대) ▶ 총획 _ 4

一 二 チ 天

天下(천하) | 天地(천지) | 天性(천성)

川	내 천 ▶ 부수 _ 川(巛)(내천) ▶ 총획 _ 3

丿 丿 川

山川草木(산천초목) | 大川(대천)

草	풀 초 ▶ 부수 _ 艹(艸)(초두머리) ▶ 총획 _ 10

一 十 艹 艹 艹 苎 昔 草 草

草木(초목) | 草地(초지) | 草家(초가)

村	마을 촌 ▶ 부수 _ 木(나무목) ▶ 총획 _ 7

一 十 オ 木 村 村 村

江村(강촌) | 農村(농촌) | 山村(산촌)

秋	가을 추 ▶ 부수 _ 禾(벼화) ▶ 총획 _ 9

一 二 千 千 禾 禾 禾 秋 秋

秋夕(추석) | 春夏秋冬(춘하추동)

春	봄 춘 ▶ 부수 _ 日(날일) ▶ 총획 _ 9

一 二 三 声 夫 表 春 春 春

靑春(청춘) | 春風(춘풍) | 春秋(춘추)

出	날 출 ▶ 부수 _ 凵(위튼입구몸) ▶ 총획 _ 5

丨 十 屮 出 出

出國(출국) | 出口(출구) | 日出(일출)

便	편할 편 / 똥오줌 변 ▶ 부수 _ 亻(人)(사람인변) ▶ 총획 _ 9

丿 亻 亻 亻 亻 佰 佰 便 便

便安(편안) | 方便(방편) | 便所(변소)

平	평평할 평 ▶ 부수 _ 干(방패간) ▶ 총획 _ 5

一 ア 六 二 平

平地(평지) | 平安(평안) | 平生(평생)

下	아래 하 ▶ 부수 _ 一(한일) ▶ 총획 _ 3

一 丅 下

下校(하교) | 下車(하차) | 地下(지하)

夏	여름 하 ▶ 부수 _ 夊(천천히걸을쇠발) ▶ 총획 _ 10

一 丆 丆 百 百 百 頁 夏 夏

夏至(하지) | 立夏(입하) | 春夏(춘하)

漢
한나라 한
- 부수 _ 氵(水)(삼수변)
- 총획 _ 14

丶丶氵汁汁汁汁渄渄漢漢漢漢

漢字(한자) | 漢文(한문) | 惡漢(악한)

海
바다 해
- 부수 _ 氵(水)(삼수변)
- 총획 _ 10

丶丶氵汁汁海海海海海

海軍(해군) | 海水(해수) | 海外(해외)

花
꽃 화
- 부수 _ 艹(艸)(초두머리)
- 총획 _ 8

一十艹艹艹花花花

花草(화초) | 生花(생화) | 國花(국화)

話
말씀 화
- 부수 _ 言(말씀언)
- 총획 _ 13

丶丶亠亠言言言言訁訁話話話

話法(화법) | 手話(수화) | 電話(전화)

活
살 활
- 부수 _ 氵(水)(삼수변)
- 총획 _ 9

丶丶氵汁汁汗活活活

活氣(활기) | 活力(활력) | 活動(활동)

孝
효도 효
- 부수 _ 子(아들자)
- 총획 _ 7

一十土耂耂孝孝

孝道(효도) | 孝心(효심) | 孝子(효자)

後
뒤 후
- 부수 _ 彳(두인변)
- 총획 _ 9

丿彳彳彳彳𢔪𢔪後後

後食(후식) | 後門(후문) | 後方(후방)

休
쉴 휴
- 부수 _ 亻(人)(사람인변)
- 총획 _ 6

丿亻仁什休休

休日(휴일) | 休校(휴교) | 休紙(휴지)

6급 한자 다시보기

各
각각 각
- 부수 _ 口(입구)
- 총획 _ 6

丿夂夂冬各各

各界(각계) | 各別(각별) | 各自(각자)

角
뿔 각
- 부수 _ 角(뿔각)
- 총획 _ 7

丿𠂊𠂊角角角角

角木(각목) | 頭角(두각) | 角度(각도)

感 느낄 감
- 부수 _ 心(마음심)
- 총획 _ 13

丿厂厂厂厂后咸咸咸感感感

同感(동감) | 感動(감동) | 感電(감전)

強 강할 강
- 부수 _ 弓(활궁)
- 총획 _ 11

フコ弓弓弓弓弓强强強強

強國(강국) | 強風(강풍) | 強弱(강약)

開 열 개
- 부수 _ 門(문문)
- 총획 _ 12

丨冂冂冃冃門門門門開開

開業(개업) | 開學(개학) | 開始(개시)

京 서울 경
- 부수 _ 亠(돼지해머리)
- 총획 _ 8

丶亠亠古古亨京京

北京(북경) | 上京(상경) | 在京(재경)

界 지경 계
- 부수 _ 田(밭전)
- 총획 _ 9

丨冂冂田田尸尸界界

業界(업계) | 世界(세계) | 學界(학계)

計 셀 계
- 부수 _ 言(말씀언)
- 총획 _ 9

丶亠亠吉言言言計計

計算(계산) | 生計(생계) | 合計(합계)

古 예 고
- 부수 _ 口(입구)
- 총획 _ 5

一十十古古

古今(고금) | 古木(고목) | 古代(고대)

苦 쓸 고
- 부수 _ 艹(艸)(초두머리)
- 총획 _ 9

一十十艹艹艹芊苦苦

苦生(고생) | 苦心(고심) | 苦學(고학)

高 높을 고
- 부수 _ 高(높을고)
- 총획 _ 10

丶亠亠古古亨高高高高

高度(고도) | 高級(고급) | 高手(고수)

共 함께 공
- 부수 _ 八(여덟팔)
- 총획 _ 6

一十廾共共共

共同(공동) | 共用(공용) | 共有(공유)

公 공평할 공
- 부수 _ 八(여덟팔)
- 총획 _ 4

丿八公公

公正(공정) | 公人(공인) | 公言(공언)

功 공 공
- 부수 _ 力(힘력)
- 총획 _ 5

一丅工功功

功名(공명) | 成功(성공) | 戰功(전공)

果
열매 과
- 부수 _ 木(나무목)
- 총획 _ 8

一 冂 曰 日 旦 甲 果 果

果樹(과수) | 成果(성과) | 戰果(전과)

郡
고을 군
- 부수 _ 阝(邑)(우부방)
- 총획 _ 10

フ コ ヨ 尹 君 君 君 君' 郡 郡

郡界(군계) | 郡民(군민) | 郡內(군내)

科
과목, 과정 과
- 부수 _ 禾(벼화)
- 총획 _ 9

一 二 千 千 禾 禾 禾 科 科

科目(과목) | 科學(과학) | 法科(법과)

近
가까울 근
- 부수 _ 辶(辵)(책받침)
- 총획 _ 8

一 厂 斤 斤 沂 沂 近 近

近年(근년) | 近方(근방) | 近來(근래)

光
빛 광
- 부수 _ 儿(어진사람인발)
- 총획 _ 6

丨 丨 丨 屮 屮 光

光明(광명) | 光線(광선) | 光速(광속)

根
뿌리 근
- 부수 _ 木(나무목)
- 총획 _ 10

一 十 才 木 木' 杞' 杞' 根 根 根

根本(근본) | 根性(근성) | 根源(근원)

交
사귈 교
- 부수 _ 亠(돼지해머리)
- 총획 _ 6

丶 亠 亠 六 六 交

交感(교감) | 交代(교대) | 交戰(교전)

今
이제 금
- 부수 _ 人(사람인)
- 총획 _ 4

丿 人 人 今

今年(금년) | 今方(금방) | 古今(고금)

區
나눌 구
- 부수 _ 匚(튼입구몸)
- 총획 _ 11

一 ㄷ 戸 百 百 品 品 品 品 區

區別(구별) | 區分(구분) | 區間(구간)

級
등급 급
- 부수 _ 糸(실사)
- 총획 _ 10

丨 幺 幺 幺 幺 糸 紀 糺 級 級

等級(등급) | 級數(급수) | 同級(동급)

球
공 구
- 부수 _ 王(玉)(구슬옥변)
- 총획 _ 11

一 二 千 王 王- 升 폽 �球 球 球

球心(구심) | 地球(지구) | 電球(전구)

急
급할 급
- 부수 _ 心(마음심)
- 총획 _ 9

丿 ク 夕 刍 刍 刍 急 急 急

急行(급행) | 急速(급속) | 急所(급소)

多	많을 다
	▶ 부수 _ 夕(저녁석)
	▶ 총획 _ 6

丿ク夕夕多多

多角(다각) | 多才(다재) | 多數(다수)

短	짧을 단
	▶ 부수 _ 矢(화살시)
	▶ 총획 _ 12

丿一二午矢矢矢矢短短短短

短命(단명) | 短文(단문) | 長短(장단)

堂	집 당
	▶ 부수 _ 土(흙토)
	▶ 총획 _ 11

丨丨丨丷丷冉冉告堂堂堂

堂堂(당당) | 別堂(별당) | 食堂(식당)

代	대신할 대
	▶ 부수 _ 亻(人)(사람인변)
	▶ 총획 _ 5

丿亻亻代代

代金(대금) | 代身(대신) | 代表(대표)

對	대할 대
	▶ 부수 _ 寸(마디촌)
	▶ 총획 _ 14

丨丨丨丨丨丨丨丨丨丨丨對對

對答(대답) | 對立(대립) | 反對(반대)

待	기다릴 대
	▶ 부수 _ 彳(두인변)
	▶ 총획 _ 9

丿亻彳彳彳彳待待待

苦待(고대) | 期待(기대) | 下待(하대)

圖	그림 도
	▶ 부수 _ 囗(큰입구몸)
	▶ 총획 _ 14

丨冂冂冋冋冋冋冋冋圖圖圖圖

圖面(도면) | 圖表(도표) | 地圖(지도)

度	법도 도 / 헤아릴 탁
	▶ 부수 _ 广(엄호)
	▶ 총획 _ 9

丶一广广庐庐庐度度

角度(각도) | 高度(고도) | 速度(속도)

讀	읽을 독 / 구절 두
	▶ 부수 _ 言(말씀언)
	▶ 총획 _ 22

讀書(독서) | 讀者(독자) | 多讀(다독)

童	아이 동
	▶ 부수 _ 立(설립)
	▶ 총획 _ 12

丶一二立产产音音音音童童

童心(동심) | 童話(동화) | 神童(신동)

頭	머리 두
	▶ 부수 _ 頁(머리혈)
	▶ 총획 _ 16

頭角(두각) | 頭目(두목) | 先頭(선두)

等	무리 등
	▶ 부수 _ 竹(대죽)
	▶ 총획 _ 12

等級(등급) | 對等(대등) | 平等(평등)

樂	즐거울 락 / 노래 악 / 좋아할 요
	▶ 부수 _ 木(나무목) ▶ 총획 _ 15

′ ⌒ ㇒ 白 白 泊 ㊨ ㊨ 樂 樂 樂 樂 樂

樂園(낙원) | 苦樂(고락) | 音樂(음악)

李	오얏 리
	▶ 부수 _ 木(나무목) ▶ 총획 _ 7

一 十 才 木 本 李 李

李白(이백) | 李氏(이씨) | 李花(이화)

例	법식 례
	▶ 부수 _ 亻(人)(사람인변) ▶ 총획 _ 8

′ 亻 亻 亻 ⼿ 例 例 例

例文(예문) | 月例(월례) | 例外(예외)

理	다스릴 리
	▶ 부수 _ 王(玉)(구슬옥변) ▶ 총획 _ 11

一 二 ⺩ 王 刊 理 玾 理 理 理 理

理由(이유) | 道理(도리) | 合理(합리)

禮	예도 례
	▶ 부수 _ 示(보일시) ▶ 총획 _ 18

′ 一 亅 衤 衤 衤' 衤'' 衤'' 衤''' 禮 禮 禮 禮 禮 禮 禮 禮 禮

禮物(예물) | 禮服(예복) | 答禮(답례)

明	밝을 명
	▶ 부수 _ 日(날일) ▶ 총획 _ 8

丨 冂 冃 日 囙 明 明 明

明白(명백) | 公明(공명) | 光明(광명)

路	길 로
	▶ 부수 _ 足(발족) ▶ 총획 _ 13

′ ⼝ ⼝ 吊 昂 呈 跁 趵 趵 路 路 路 路

路線(노선) | 高速道路(고속도로)

目	눈 목
	▶ 부수 _ 目(눈목) ▶ 총획 _ 5

丨 冂 冃 目 目

頭目(두목) | 目前(목전) | 名目(명목)

綠	초록빛 록
	▶ 부수 _ 糸(실사) ▶ 총획 _ 14

′ ⺥ 纟 糸 糸 糸 紀 紀 紀 紀 綠 綠 綠 綠

綠色(녹색) | 綠地(녹지) | 綠林(녹림)

聞	들을 문
	▶ 부수 _ 耳(귀이) ▶ 총획 _ 14

丨 l' 冂 冂' 門 門 門 門 門 聞 聞 聞 聞 聞

所聞(소문) | 新聞(신문) | 風聞(풍문)

利	날카로울, 이로울 리
	▶ 부수 _ 刂(刀)(선칼도방) ▶ 총획 _ 7

一 二 千 千 禾 利 利

利用(이용) | 有利(유리) | 勝利(승리)

米	쌀 미
	▶ 부수 _ 米(쌀미) ▶ 총획 _ 6

′ ′′ ″ 半 米 米

米作(미작) | 白米(백미) | 上米(상미)

美
아름다울 미
- 부수 _ 羊(양양)
- 총획 _ 9

丶 丷 䒑 产 羊 美 美 美

美風(미풍) | 美男(미남) | 美女(미녀)

朴
성, 순박할 박
- 부수 _ 木(나무목)
- 총획 _ 6

一 十 才 木 朴 朴

朴氏(박씨) | 素朴(소박) | 質朴(질박)

半
절반 반
- 부수 _ 十(열십)
- 총획 _ 5

丶 丷 𠂉 半

半生(반생) | 半年(반년) | 半信(반신)

反
돌이킬 반
- 부수 _ 又(또우)
- 총획 _ 4

一 厂 反 反

反對(반대) | 反旗(반기) | 反感(반감)

班
나눌 반
- 부수 _ 王(玉)(구슬옥변)
- 총획 _ 10

一 二 T 王 玎 玨 班 班

班長(반장) | 分班(분반) | 兩班(양반)

發
쏠, 필 발
- 부수 _ 癶(필발머리)
- 총획 _ 12

フ ヌ ダ ヂ 癶 癶 癶 發 發 發 發 發

發光(발광) | 發動(발동) | 發明(발명)

放
놓을, 쫓을 방
- 부수 _ 攵(攴)(등글월문)
- 총획 _ 8

丶 二 亠 方 方 方 放 放

放火(방화) | 放生(방생) | 放學(방학)

番
차례 번
- 부수 _ 田(밭전)
- 총획 _ 12

丶 ノ 𠂉 二 平 乎 采 采 番 番 番 番

番地(번지) | 番號(번호) | 軍番(군번)

別
나눌, 다를 별
- 부수 _ 刂(刀)(선칼도방)
- 총획 _ 7

丶 口 吕 另 別 別 別

分別(분별) | 作別(작별) | 別名(별명)

病
병 병
- 부수 _ 疒(병질엄)
- 총획 _ 10

丶 亠 广 疒 疒 疒 疒 病 病 病

病名(병명) | 病死(병사) | 病者(병자)

服
옷 복
- 부수 _ 月(달월)
- 총획 _ 8

丿 月 月 月 貯 服 服 服

服用(복용) | 校服(교복) | 內服(내복)

本
근본 본
- 부수 _ 木(나무목)
- 총획 _ 5

一 十 才 木 本

本人(본인) | 根本(근본) | 本文(본문)

39

部	떼 부 ▶ 부수 _ 阝(邑)(우부방) ▶ 총획 _ 11

`' ' 厶 产 产 咅 咅 咅 咅' 部 部`

南部(남부) | 部門(부문) | 外部(외부)

分	나눌 분 ▶ 부수 _ 刀(칼도) ▶ 총획 _ 4

`丿 八 分 分`

分半(분반) | 分家(분가) | 成分(성분)

使	하여금, 사신 사 ▶ 부수 _ 亻(人)(사람인변) ▶ 총획 _ 8

`丿 亻 亻 仁 乍 乍 使 使`

使命(사명) | 使用(사용) | 天使(천사)

社	모일 사 ▶ 부수 _ 示(보일시) ▶ 총획 _ 8

`一 二 亍 亓 示 示 社 社`

社交(사교) | 會社(회사) | 社長(사장)

死	죽을 사 ▶ 부수 _ 歹(죽을사변) ▶ 총획 _ 6

`一 厂 歹 歹 歹 死`

死力(사력) | 死別(사별) | 死地(사지)

書	글 서 ▶ 부수 _ 曰(가로왈) ▶ 총획 _ 10

`フ 彐 彐 彐 聿 聿 書 書 書 書`

書堂(서당) | 書信(서신) | 文書(문서)

席	자리 석 ▶ 부수 _ 巾(수건건) ▶ 총획 _ 10

`' 一 广 广 广 庐 庐 庐 席 席`

立席(입석) | 出席(출석) | 病席(병석)

石	돌 석 ▶ 부수 _ 石(돌석) ▶ 총획 _ 5

`一 丆 ナ 石 石`

石工(석공) | 石山(석산) | 木石(목석)

線	줄 선 ▶ 부수 _ 糸(실사) ▶ 총획 _ 15

`' ' 幺 幺 糸 糸 糸' 紒 紒 紒 紒 絈 線 線`

車線(차선) | 光線(광선) | 電線(전선)

雪	눈 설 ▶ 부수 _ 雨(비우) ▶ 총획 _ 11

`一 广 币 币 雨 雨 雨 雪 雪 雪`

雪花(설화) | 大雪(대설) | 白雪(백설)

成	이룰 성 ▶ 부수 _ 戈(창과) ▶ 총획 _ 7

`丿 厂 厂 厅 成 成 成`

成功(성공) | 成果(성과) | 成立(성립)

省	살필 성 / 덜 생 ▶ 부수 _ 目(눈목) ▶ 총획 _ 9

`' ' 小 少 少 省 省 省 省`

自省(자성) | 反省(반성) | 省略(생략)

消	사라질 소 ▶ 부수 _ 氵(水)(삼수변) ▶ 총획 _ 10

丶 冫 冫 氵 沪 沪 浒 消 消 消

消風(소풍) | 消火(소화) | 消化(소화)

速	빠를 속 ▶ 부수 _ 辶(辵)(책받침) ▶ 총획 _ 11

一 ㄷ 冂 冃 币 束 束 涑 涑 速

速度(속도) | 速記(속기) | 急速(급속)

孫	손자 손 ▶ 부수 _ 子(아들자) ▶ 총획 _ 10

丁 了 孑 孑 孖 孫 孫 孫 孫

孫子(손자) | 王孫(왕손) | 子孫(자손)

樹	나무 수 ▶ 부수 _ 木(나무목) ▶ 총획 _ 16

一 十 十 木 杧 柞 柞 桔 桔 桔 椥 楂 樹 樹

樹林(수림) | 樹木(수목) | 植樹(식수)

術	재주 술 ▶ 부수 _ 行(다닐행) ▶ 총획 _ 11

丿 彳 彳 朮 朮 徉 徘 術 術 術 術

手術(수술) | 醫術(의술) | 學術(학술)

習	익힐 습 ▶ 부수 _ 羽(깃우) ▶ 총획 _ 11

丨 刁 刁 羽 羽 羽 翌 翌 習 習

自習(자습) | 風習(풍습) | 學習(학습)

勝	이길 승 ▶ 부수 _ 力(힘력) ▶ 총획 _ 12

丿 月 月 月 月' 胖 胖 胖 胖 勝 勝

勝利(승리) | 勝者(승자) | 全勝(전승)

始	비로소 시 ▶ 부수 _ 女(계집녀) ▶ 총획 _ 8

ㄥ ㄠ 女 女 如 始 始 始

始作(시작) | 始祖(시조) | 開始(개시)

式	법 식 ▶ 부수 _ 弋(주살익) ▶ 총획 _ 6

一 二 三 弋 式 式

新式(신식) | 形式(형식) | 公式(공식)

神	귀신 신 ▶ 부수 _ 示(보일시) ▶ 총획 _ 10

一 二 亍 亓 示 示 和 和 和 神

神童(신동) | 女神(여신) | 神話(신화)

信	믿을 신 ▶ 부수 _ 亻(人)(사람인변) ▶ 총획 _ 9

丿 亻 亻 广 亻 亻 信 信 信

信用(신용) | 信號(신호) | 不信(불신)

新	새 신 ▶ 부수 _ 斤(날근) ▶ 총획 _ 13

一 二 亠 立 立 辛 辛 亲 新 新 新 新 新

新年(신년) | 新人(신인) | 新聞(신문)

身 — 몸 신
- 부수 _ 身(몸신)
- 총획 _ 7

丿 亻 自 自 身 身 身

身命(신명) | 身分(신분) | 心身(심신)

失 — 잃을 실
- 부수 _ 大(큰대)
- 총획 _ 5

丿 一 二 失 失

失業(실업) | 失手(실수) | 失言(실언)

愛 — 사랑 애
- 부수 _ 心(마음심)
- 총획 _ 13

丿 一 爫 爫 爫 爫 愛 愛 愛 愛 愛 愛 愛

愛國(애국) | 愛用(애용) | 愛人(애인)

夜 — 밤 야
- 부수 _ 夕(저녁석)
- 총획 _ 8

丶 亠 疒 疒 夜 夜 夜 夜

夜間(야간) | 夜食(야식) | 夜學(야학)

野 — 들 야
- 부수 _ 里(마을리)
- 총획 _ 11

丨 口 日 旦 甲 里 里 野 野 野 野

野生(야생) | 野外(야외) | 野人(야인)

弱 — 약할 약
- 부수 _ 弓(활궁)
- 총획 _ 10

丶 コ 弓 弓 弱 弱 弱 弱 弱 弱

弱小(약소) | 弱體(약체) | 心弱(심약)

藥 — 약 약
- 부수 _ 艹(艸)(초두머리)
- 총획 _ 19

藥草(약초) | 藥水(약수) | 藥用(약용)

陽 — 볕 양
- 부수 _ 阝(阜)(좌부변)
- 총획 _ 12

陽氣(양기) | 陽地(양지) | 漢陽(한양)

洋 — 큰바다 양
- 부수 _ 氵(水)(삼수변)
- 총획 _ 9

洋服(양복) | 洋藥(양약) | 東洋(동양)

言 — 말씀 언
- 부수 _ 言(말씀언)
- 총획 _ 7

言語(언어) | 發言(발언) | 名言(명언)

業 — 업 업
- 부수 _ 木(나무목)
- 총획 _ 13

業界(업계) | 生業(생업) | 學業(학업)

永 — 길 영
- 부수 _ 水(물수)
- 총획 _ 5

永生(영생) | 永遠(영원) | 永世(영세)

英
꽃부리 **영**
- 부수 _ 艹(艸)(초두머리)
- 총획 _ 9

一 艹 艹 艹 苎 英 英

英字(영자) | 英語(영어) | 英才(영재)

溫
따뜻할 **온**
- 부수 _ 氵(水)(삼수변)
- 총획 _ 13

氵 氵 氵 汨 汨 汨 汨 汨 溫 溫 溫

溫氣(온기) | 溫度(온도) | 溫和(온화)

用
쓸 **용**
- 부수 _ 用(쓸용)
- 총획 _ 5

丿 冂 月 月 用

用度(용도) | 用語(용어) | 信用(신용)

勇
날랠 **용**
- 부수 _ 力(힘력)
- 총획 _ 9

? ? ? ? ? 甬 甬 勇 勇

勇名(용명) | 勇氣(용기) | 勇力(용력)

運
옮길 **운**
- 부수 _ 辶(辵)(책받침)
- 총획 _ 13

宀 冖 宣 軍 軍 運 運 運

運動(운동) | 運命(운명) | 氣運(기운)

園
동산 **원**
- 부수 _ 囗(큰입구몸)
- 총획 _ 13

囗 門 門 門 門 周 周 園 園 園 園

公園(공원) | 學園(학원) | 樂園(낙원)

遠
멀 **원**
- 부수 _ 辶(辵)(책받침)
- 총획 _ 14

一 十 土 土 吉 吉 吉 声 袁 袁 遠 遠 遠 遠

遠近(원근) | 遠洋(원양) | 永遠(영원)

由
말미암을 **유**
- 부수 _ 田(밭전)
- 총획 _ 5

丨 冂 冂 由 由

由來(유래) | 理由(이유) | 自由(자유)

油
기름 **유**
- 부수 _ 氵(水)(삼수변)
- 총획 _ 8

氵 氵 氵 汩 汩 油 油 油

注油(주유) | 油田(유전) | 石油(석유)

銀
은 **은**
- 부수 _ 金(쇠금)
- 총획 _ 14

丿 人 人 人 仐 今 全 金 金 釘 釘 鈩 銀 銀

銀行(은행) | 金銀(금은) | 水銀(수은)

音
소리 **음**
- 부수 _ 音(소리음)
- 총획 _ 9

丶 一 立 立 产 音 音 音 音

音樂(음악) | 高音(고음) | 和音(화음)

飮
마실 **음**
- 부수 _ 食(밥식)
- 총획 _ 13

丿 𠂉 𠂉 今 今 今 令 食 食 食 飣 飲 飮

飮食(음식) | 食飮(식음) | 米飮(미음)

衣	옷 의 ▶ 부수 _ 衣(옷의) ▶ 총획 _ 5

`ー ナ 才 衣 衣`

衣服(의복) | 下衣(하의) | 上衣(상의)

意	뜻 의 ▶ 부수 _ 心(마음심) ▶ 총획 _ 13

`ー 十 十 立 产 音 音 音 意 意 意`

意中(의중) | 意外(의외) | 同意(동의)

醫	의원 의 ▶ 부수 _ 酉(닭유) ▶ 총획 _ 18

醫術(의술) | 醫書(의서) | 名醫(명의)

者	사람, 놈 자 ▶ 부수 _ 耂(老)(늙을로) ▶ 총획 _ 9

`ー 十 土 耂 耂 才 者 者 者`

病者(병자) | 死者(사자) | 弱者(약자)

作	지을 작 ▶ 부수 _ 亻(人)(사람인변) ▶ 총획 _ 7

`ノ 亻 亻 竹 作 作 作`

作家(작가) | 作文(작문) | 作業(작업)

昨	어제 작 ▶ 부수 _ 日(날일) ▶ 총획 _ 9

`l 冂 日 日 日 昨 昨 昨 昨`

昨今(작금) | 昨年(작년) | 昨日(작일)

章	글 장 ▶ 부수 _ 立(설립) ▶ 총획 _ 11

`ー 十 十 立 产 音 音 音 章 章 章`

樂章(악장) | 國章(국장) | 文章(문장)

在	있을 재 ▶ 부수 _ 土(흙토) ▶ 총획 _ 6

`ー ナ 才 才 在 在`

現在(현재) | 在野(재야) | 在學(재학)

才	재주 재 ▶ 부수 _ 扌(手)(재방변) ▶ 총획 _ 3

`ー 十 才`

才色(재색) | 多才(다재) | 天才(천재)

戰	싸움 전 ▶ 부수 _ 戈(창과) ▶ 총획 _ 16

戰力(전력) | 戰死(전사) | 開戰(개전)

定	정할 정 ▶ 부수 _ 宀(갓머리) ▶ 총획 _ 8

`丶 丶 宀 宀 宀 宁 定 定`

定立(정립) | 定石(정석) | 安定(안정)

庭	뜰 정 ▶ 부수 _ 广(엄호) ▶ 총획 _ 10

`丶 一 广 广 广 庄 庄 庭 庭 庭`

庭園(정원) | 家庭(가정) | 校庭(교정)

題	제목 제 ▶ 부수 _ 頁(머리혈) ▶ 총획 _ 18

丨 冂 冃 日 早 早 早 是 是 是 匙 題 題 題 題 題 題

題目(제목) | 問題(문제) | 主題(주제)

第	차례 제 ▶ 부수 _ 竹(대죽) ▶ 총획 _ 11

丿 𠂉 𠂉 𠂉 𠂉 𠂉 筎 笃 笃 第 第

第三國(제삼국) | 第三者(제삼자)

朝	아침, 조정 조 ▶ 부수 _ 月(달월) ▶ 총획 _ 12

一 十 十 古 古 古 直 卓 朝 朝 朝 朝

朝夕(조석) | 朝會(조회) | 王朝(왕조)

族	겨레 족 ▶ 부수 _ 方(모방) ▶ 총획 _ 11

丶 亠 亐 方 方 方 㫃 㫃 族 族 族

同族(동족) | 民族(민족) | 家族(가족)

注	부을 주 ▶ 부수 _ 氵(水)(삼수변) ▶ 총획 _ 8

丶 冫 氵 氵 注 注 注 注

注目(주목) | 注意(주의) | 注入(주입)

晝	낮 주 ▶ 부수 _ 日(날일) ▶ 총획 _ 11

𠃍 ㄱ ㄹ 킈 聿 聿 晝 書 書 晝 晝

晝間(주간) | 晝夜(주야) | 白晝(백주)

集	모을 집 ▶ 부수 _ 隹(새추) ▶ 총획 _ 12

丿 亻 亻 仁 亻 亻 亻 佳 隹 隼 集 集

集計(집계) | 集合(집합) | 文集(문집)

窓	창 창 ▶ 부수 _ 穴(구멍혈) ▶ 총획 _ 11

丶 宀 宀 宀 宀 宊 宊 窓 窓 窓 窓

窓口(창구) | 窓門(창문) | 同窓(동창)

淸	맑을 청 ▶ 부수 _ 氵(水)(삼수변) ▶ 총획 _ 11

丶 氵 氵 氵 氵 淸 淸 淸 淸 淸 淸

淸明(청명) | 淸風(청풍) | 淸算(청산)

體	몸 체 ▶ 부수 _ 骨(뼈골) ▶ 총획 _ 23

丨 冂 冂 冃 冃 冊 骨 骨 骨 骨 骨 體 體 體 體 體 體 體 體 體 體 體 體

體力(체력) | 體面(체면) | 體育(체육)

親	어버이, 친할 친 ▶ 부수 _ 見(볼견) ▶ 총획 _ 16

丶 亠 亠 立 立 辛 辛 亲 亲 亲 亲 新 親 親 親 親

親愛(친애) | 親家(친가) | 親分(친분)

太	클 태 ▶ 부수 _ 大(큰대) ▶ 총획 _ 4

一 ナ 大 太

太半(태반) | 太古(태고) | 太平(태평)

通	통할 **통** ▶ 부수 _ 辶(辵)(책받침) ▶ 총획 _ 11

丶マア产斉斉甬甬涌涌通

通行(통행) | 通話(통화) | 通路(통로)

行	다닐 **행** / 항렬 **항** ▶ 부수 _ 行(다닐행) ▶ 총획 _ 6

ノノ彳彳行行

行事(행사) | 代行(대행) | 山行(산행)

特	특별할 **특** ▶ 부수 _ 牛(소우) ▶ 총획 _ 10

ノ亠牛牛牜牪牪特特特

特別(특별) | 特色(특색) | 特出(특출)

向	향할 **향** ▶ 부수 _ 口(입구) ▶ 총획 _ 6

ノ亠厂向向向

方向(방향) | 向上(향상) | 動向(동향)

表	겉 **표** ▶ 부수 _ 衣(옷의) ▶ 총획 _ 8

一二キ主丰毛表表

表面(표면) | 表出(표출) | 代表(대표)

現	나타날 **현** ▶ 부수 _ 王(玉)(구슬옥변) ▶ 총획 _ 11

一二干王玒玑玥珇珇現現

現在(현재) | 表現(표현) | 出現(출현)

風	바람 **풍** ▶ 부수 _ 風(바람풍) ▶ 총획 _ 9

ノ几凡凡凨凨風風風

風力(풍력) | 風習(풍습) | 家風(가풍)

形	모양 **형** ▶ 부수 _ 彡(터럭삼) ▶ 총획 _ 7

一二チ开开形形

形成(형성) | 形式(형식) | 形便(형편)

合	합할 **합** ▶ 부수 _ 口(입구) ▶ 총획 _ 6

ノ人亼亽合合

合心(합심) | 合同(합동) | 合作(합작)

號	이름 **호** ▶ 부수 _ 虍(범호엄) ▶ 총획 _ 13

丨口口号号号虓虓虓號號號號

口號(구호) | 號外(호외) | 記號(기호)

幸	다행 **행** ▶ 부수 _ 干(방패간) ▶ 총획 _ 8

一十土丰寺幸幸幸

幸運(행운) | 多幸(다행) | 不幸(불행)

和	화할 **화** ▶ 부수 _ 口(입구) ▶ 총획 _ 8

ノ二千禾禾和和和

和音(화음) | 和合(화합) | 平和(평화)

畫	그림 화 / 그을 획 ▶ 부수 _ 田(밭전) ▶ 총획 _ 12

一 二 三 キ 聿 聿 書 書 書 畫 畫 畫

畫家(화가) | 畫面(화면) | 名畫(명화)

會	모일 회 ▶ 부수 _ 曰(가로왈) ▶ 총획 _ 13

ノ 人 人 人 合 合 合 合 命 會 會 會 會

會食(회식) | 會話(회화) | 大會(대회)

黃	누를 황 ▶ 부수 _ 黃(누를황) ▶ 총획 _ 12

一 十 廾 廾 世 苎 昔 昔 黃 黃 黃 黃

黃土(황토) | 黃金(황금) | 黃色(황색)

訓	가르칠 훈 ▶ 부수 _ 言(말씀언) ▶ 총획 _ 10

丶 二 亠 言 言 言 言 訓 訓 訓

訓手(훈수) | 敎訓(교훈) | 家訓(가훈)

5급한자 미리보기

加 더할 가	景 볕 경	具 갖출 구
價 값 가	敬 공경 경	救 구원할 구
可 옳을 가	輕 가벼울 경	舊 예 구
改 고칠 개	競 다툴 경	局 판 국
客 손님 객	固 굳을 고	貴 귀할 귀
去 갈 거	告 고할 고	規 법 규
擧 들 거	考 생각할 고	給 줄 급
件 물건 건	曲 굽을 곡	基 터 기
建 세울 건	課 공부할 / 과정 과	期 기약할 기
健 굳셀 건	過 지날 과	技 재주 기
格 격식 격	觀 볼 관	己 몸 기
見 볼 견 / 뵈올 현	關 관계할 관	汽 물끓는김 기
決 결단할 결	廣 넓을 광	吉 길할 길
結 맺을 결	橋 다리 교	念 생각 념

能 능할 능	買 살 매	說 말씀 설 / 달랠 세
團 둥글 단	賣 팔 매	性 성품 성
壇 단 단	無 없을 무	洗 씻을 세
談 말씀 담	倍 곱 배	歲 해 세
當 마땅 당	法 법 법	束 묶을 속
德 큰 덕	變 변할 변	首 머리 수
到 이를 도	兵 병사 병	宿 잘 숙 / 별자리 수
島 섬 도	福 복 복	順 순할 순
都 도읍 도	奉 받들 봉	示 보일 시
獨 홀로 독	比 견줄 비	識 알 식 / 기록할 지
落 떨어질 락	費 쓸 비	臣 신하 신
朗 밝을 랑	鼻 코 비	實 열매 실
冷 찰 랭	氷 얼음 빙	兒 아이 아
量 헤아릴 량	士 선비 사	惡 악할 악 / 미워할 오
良 어질 량	仕 섬길 사	案 책상 안
旅 나그네 려	史 사기 사	約 맺을 약
歷 지낼 력	寫 베낄 사	養 기를 양
練 익힐 련	思 생각 사	魚 물고기 어
令 하여금 령	査 조사할 사	漁 고기잡을 어
領 거느릴 령	産 낳을 산	億 억 억
勞 일할 로	賞 상줄 상	熱 더울 열
料 헤아릴 료	商 장사 상	葉 잎 엽
流 흐를 류	相 서로 상	屋 집 옥
類 무리 류	序 차례 서	完 완전할 완
陸 뭍 륙	仙 신선 선	曜 빛날 요
馬 말 마	善 착할 선	要 요긴할 요
末 끝 말	選 가릴 선	浴 목욕할 욕
亡 망할 망	船 배 선	友 벗 우
望 바랄 망	鮮 고울 선	牛 소 우

雨 비 우	操 잡을 조	品 물건 품
雲 구름 운	調 고를 조	必 반드시 필
雄 수컷 / 뛰어날 웅	卒 마칠 졸	筆 붓 필
元 으뜸 원	種 씨 종	河 물 하
院 집 원	終 마칠 종	寒 찰 한
原 언덕 원	罪 허물 죄	害 해할 해
願 원할 원	週 주일 주	許 허락할 허
位 자리 위	州 고을 주	湖 호수 호
偉 클 위	知 알 지	化 될 화
以 써 이	止 그칠 지	患 근심 환
耳 귀 이	質 바탕 질	效 본받을 효
因 인할 인	着 붙을 착	凶 흉할 흉
任 맡길 임	參 참여할 참	黑 검을 흑
再 두 재	唱 부를 창	
材 재목 재	責 꾸짖을 책	
財 재물 재	鐵 쇠 철	
災 재앙 재	初 처음 초	
爭 다툴 쟁	最 가장 최	
貯 쌓을 저	祝 빌 축	
的 과녁 적	充 가득할 충	
赤 붉을 적	致 이를 치	
傳 전할 전	則 법칙 칙 / 곧 즉	
典 법 전	他 다를 타	
展 펼 전	打 칠 타	
切 끊을 절 / 온통 체	卓 높을 탁	
節 마디 절	炭 숯 탄	
店 가게 점	宅 집 택(댁)	
停 머무를 정	板 널조각 판	
情 뜻 정	敗 패할 패	

한자박사 5급

加 더할 가

- 부수 _ 力(힘력) | ◆ 총획 _ 5
- 加工(가공) : 자연물에 인위적인 힘을 가해 그 모양이나 성질을 바꾸는 것
- 加速(가속) : 속도를 더함
- 加重(가중) : 더 무거워짐

입[口]으로 응원하여, 힘[力]을 '더한다'.

ㄱ 力 加 加 加

加 加 加

價 값 가

- 부수 _ 亻(人)(사람인변) | ◆ 총획 _ 15 | ◆ 속 _ 価
- 代價(대가) : 어떤 일을 해서 생기는 희생이나 손해, 또는 그것으로 인한 결과
- 高價(고가) : 비싼 값
- 價格(가격) : 값

그[亻]가 잘 덮어서[覀] 보관한 재물[貝]은 그 '값'이 대단하다.

丿 亻 亻 𠆢 𠆢 价 价 俨 俨 僧 僧 價 價 價

價 價 價

可 옳을 가

- 부수 _ 口(입구) | ◆ 총획 _ 5
- 可決(가결) : 안건이 옳다고 결정함
- 可觀(가관) : 볼 만함
- 可能(가능) : 할 수 있음

장정[丁]은 하늘을 우러러 입[口]으로 '옳은' 말만 한다.

一 丁 丂 可 可

可 可 可

改 고칠 개

- 부수 _ 攴(攵)(등글월문) | ◆ 총획 _ 7 | ◆ 비 _ 放(방), 敎(교), 敗(패)
- 改過(개과) : 잘못을 고침
- 改良(개량) : 나쁜 점을 고쳐 좋게 함
- 改正(개정) : 고쳐서 바르게 함

자기[己]의 허물을 알고 매로 쳐서[攵] 잘못을 '고친다'.

フ コ 己 己' 己卜 改 改

改 改 改

53

客
손님 객

- ◆ 부수 _ 宀(갓머리) | ◆ 총획 _ 9 | ◆ 반 _ 主(주) | ◆ 동 _ 旅(려)
- ✛ 客氣(객기) : 쓸데없는 허세
- ✛ 客談(객담) : 실없고 싱거운 말
- ✛ 客死(객사) : 타향에서 죽음

집[宀]으로 각각[各] 다른 사연을 가진 '손님'이 찾아왔다.

` ` 宀 宀 宀 灾 灾 客 客

客 客 客

去
갈 거

- ◆ 부수 _ 厶(마늘모) | ◆ 총획 _ 5 | ◆ 비 _ 法(법) | ◆ 반 _ 來(래)
- ◆ 동 _ 過(과), 失(실)
- ✛ 去來(거래) : 가는 일과 오는 일. 물건을 얻는 일과 잃는 일
- ✛ 過去(과거) : 지나간 때
- ✛ 去年(거년) : 지난해

나는[厶] 흙[土] 길을 따라 '간다'.

一 十 土 去 去

去 去 去

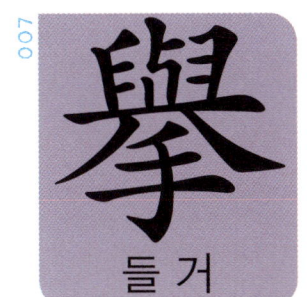
擧 들 거

- ◆ 부수 _ 手(손수) | ◆ 총획 _ 18 | ㉠_ 挙
- ✚ 擧國(거국) : 온 나라
- ✚ 擧動(거동) : 행동하는 짓이나 태도
- ✚ 擧事(거사) : 일을 일으킴

그 사람과 더불어[與] 두 손[手]으로 '든다'.

어떻게 쓰나요

` ⺍ F F F 白 白 臼 旣 旣 與 與 與 與 擧 擧 擧

擧 擧 擧

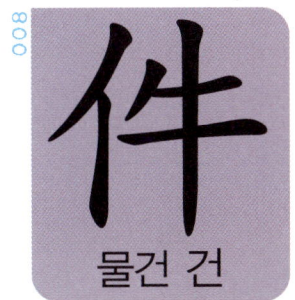
件 물건 건

- ◆ 부수 _ 亻(人)(사람인변) | ◆ 총획 _ 6 | ◆ 비_ 仙(선)
- ✚ 件名(건명) : 일이나 물건의 이름
- ✚ 件數(건수) : 사건 수
- ✚ 事件(사건) : 문제가 되거나 관심을 끌 만한 일

사람[亻]이 소[牛]에게 '물건' 취급을 당하다.

어떻게 쓰나요

丿 亻 亻 仁 仁 件

件 件 件

55

建 세울 건

- 부수 _ 廴(민책받침) | 총획 _ 9 | 비 _ 健(건) | 동 _ 立(립)
- 建國(건국) : 나라를 세움
- 建立(건립) : 기관이나 조직체를 새로 세움
- 再建(재건) : 다시 세움

붓[聿]을 끌어[廴] 글을 써서 규칙을 '세운다'.

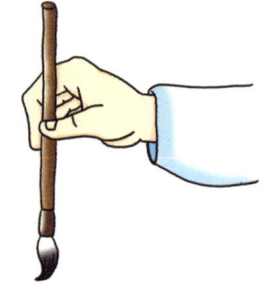

ㄱ ㅋ ㅋ ㅋ ㅋ 聿 聿 建 建

建 建 建

健 굳셀 건

- 부수 _ 亻(人)(사람인변) | 총획 _ 11 | 비 _ 建(건) | 반 _ 弱(약)
- 健勝(건승) : 몸에 탈이 없이 건강함
- 健實(건실) : 건전하고 착실함
- 健兒(건아) : 씩씩하고 굳센 사나이

사람[亻]이 꼿꼿하게 서[建] 있으니 '건강하고' '굳세다'.

ノ 亻 亻 亻 亻 亻 亻 聿 律 健 健

健 健 健

011

格 격식 격

- ◆ 부수 _ 木(나무목) | ◆ 총획 _ 10 | ◆ 비 _ 各(각), 客(객)
- ✦ 格物致知(격물치지) : 실제적인 사물을 통하여 이치를 연구하여 온전한 지식에 다다름
- ✦ 格言(격언) : 사리에 맞아 교훈이 될 만한 짧은 말
- ✦ 格式(격식) : 격에 어울리는 법식

나무[木]가 각각[各] '격식'에 따라 자란다.

一 十 才 ㅈ 朩 朾 柊 柊 格 格

格 格 格

012

見 볼 견 / 뵈올 현

- ◆ 부수 _ 見(볼견) | ◆ 총획 _ 7 | ◆ 비 _ 親(친) | ◆ 동 _ 觀(관), 示(시)
- ✦ 見習(견습) : 남이 하는 것을 보며 실무를 익히는 것
- ✦ 見聞(견문) : 보고 들음
- ✦ 見本(견본) : 본보기 상품

사람[儿]은 눈[目]으로 '본다'.

丨 冂 冃 月 目 貝 見

見 見 見

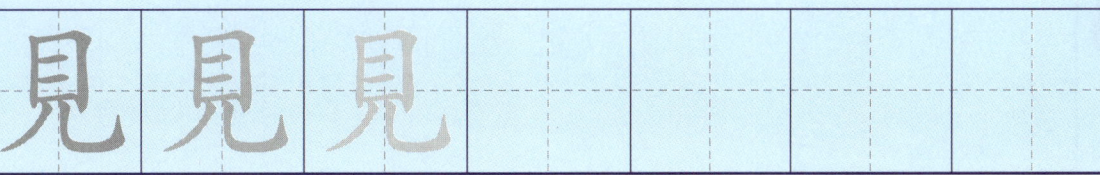

57

決 결단할 결

- 부수 _ 氵(水)(삼수변) | ◆ 총획 _ 7
- 決死(결사) : 죽기를 각오함
- 決算(결산) : 계산을 마감함
- 速決(속결) : 빠르게 결정함

물[氵]꼬를 갈라서[夬] 논에 물을 대기로 '결단하다'.

丶 冫 氵 汁 決 決 決

決 決 決

結 맺을 결

- 부수 _ 糸(실사) | ◆ 총획 _ 12 | ◆ 비 _ 吉(길) | ◆ 동 _ 束(속), 約(약)
- 結果(결과) : 어떤 원인에 의해 이루어진 결말의 상태
- 結局(결국) : 마침내
- 結成(결성) : 단체를 조직함

실[糸]로 묶어 좋은[吉] 사람과 평생의 인연을 '맺다'.

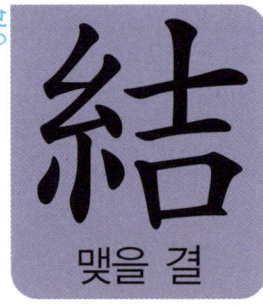

𠃋 幺 糸 糸 糸 紅 紝 紝 結 結

結 結 結

景 볕 경

- 부수 _ 日(날일) | ◆ 총획 _ 12
- 景觀(경관) : 경치
- 景氣(경기) : 경제 활동의 상황
- 雪景(설경) : 눈이 내리는 경치

해[日]가 서울[京]을 비추니 '볕'이 따뜻하고, '경치'가 좋다.

| 丨 | 冂 | 冃 | 日 | 旦 | 로 | 昙 | 景 | 景 | 景 | 景 | 景 |

| 景 | 景 | 景 | | | | | |

敬 공경 경

- 부수 _ 攵(攴)(등글월문) | ◆ 총획 _ 13
- 敬老(경로) : 노인을 공경함
- 敬愛(경애) : 존경하고 사랑함
- 敬語(경어) : 공경하는 뜻을 나타내는 말

초야[艹]에서 글[句]을 읽는 아버지는, 아이를 훈계해서[攵] 아이가 아버지를 '공경'한다.

| 一 | 十 | 廾 | 艹 | 艻 | 芍 | 芍 | 苟 | 苟 | 苟 | 敬 | 敬 | 敬 |

| 敬 | 敬 | 敬 | | | | | |

輕
가벼울 경

- ◆ 부수 _ 車(수레거) | ◆ 총획 _ 14 | ◆ 속 _ 軽 | ◆ 반 _ 重(중)
- ✚ 輕擧(경거) : 경박하게 행동함
- ✚ 輕石(경석) : 물에 뜨는 가벼운 돌
- ✚ 輕重(경중) : 가벼움과 무거움

수레[車]가 지하수[巠] 흐르듯 '**가볍게**' 움직인다.

一 ｢ ｢ 百 百 亘 車 車 軒 軒 輕 輕 輕 輕

輕　輕　輕

競
다툴 경

- ◆ 부수 _ 立(설립) | ◆ 총획 _ 20 | ◆ 반 _ 和(화) | ◆ 동 _ 爭(쟁), 戰(전)
- ✚ 競賣(경매) : 살 사람들이 값을 불러 최고액을 부른 사람에게 파는 일
- ✚ 競爭(경쟁) : 우월한 자리를 차지하려고 다툼
- ✚ 競技(경기) : 기술을 겨룸

이쪽에 선[立] 큰형[兄]과 저쪽에 선[立] 작은형[兄]이 '**다툰다**'.

` 一 ㅗ ㅛ 立 立 产 咅 咅 竞 竞 竞 竞 竞 竞 竞 竞 竞 竞 競

競　競　競

固 굳을 고

◆ 부수 _ 囗(큰입구몸) | ◆ 총획 _ 8

+ 固體(고체) : 일정한 모양과 부피를 가지고 있어 쉽게 변형되지 않는 물체
+ 固有(고유) : 본디부터 가지고 있음
+ 固定(고정) : 한곳에 붙어 있음

사방이 단단하게 둘러싸인[囗] 성이 오랫동안[古] '굳게' 닫혀 있다.

丨 冂 冃 同 同 周 固 固

告 고할 고

◆ 부수 _ 口(입구) | ◆ 총획 _ 7

+ 告發(고발) : 들추어 알림
+ 告白(고백) : 사실을 분명하게 말하는 것
+ 告別(고별) : 작별을 고함

소[牛]를 신전에 바치고, 입[口]으로 축문을 읽어 '고한다'.

丿 ㇒ 牛 牛 告 告 告

기초다지기 1

1 다음 가로와 세로를 이용하여 퍼즐의 답을 漢字(한자)로 써넣으세요.

가 로

① 고백 (사실을 분명하게 말하는 것)

② 결산 (계산을 마감함)

③ 재건 (다시 세움)

세 로

① 고별 (작별을 고함)

② 속결 (빠르게 결정함)

③ 건국 (나라를 세움)

2 다음 독음에 알맞은 漢字(한자)를 빈칸에 써넣으세요.

(1) 개정 ☐ 正   (4) 격언 ☐ 言

(2) 가능 ☐ 能   (5) 고백 ☐ 白

(3) 고가 高 ☐   (6) 설경 雪 ☐

3 다음 서로 어울리는 漢字(한자)와 訓(훈), 音(음)을 묶으세요.

건　　물건　　굳을

件　　敬　　固

공경　　경　　고

실전문제 1

1 다음 漢字語(한자어)의 독음을 쓰세요.

(1) 加速　　　　(5) 見本

(2) 過去　　　　(6) 敬愛

(3) 擧動　　　　(7) 結果

(4) 健兒　　　　(8) 競爭

2 다음 漢字(한자)의 訓(훈)과 音(음)을 쓰세요.

(9) 輕　　　　(12) 可

(10) 固　　　　(13) 客

(11) 決　　　　(14) 建

3 다음 문장의 밑줄 친 한자어를 漢字(한자)로 쓰세요.

(15) 겨울 코트를 저렴한 가격으로 샀다.　　　　(　　　　)

(16) 다리를 다쳐 거동이 불편하다.　　　　(　　　　)

(17) 그 둘은 잦은 다툼에 결국 헤어졌다.　　　　(　　　　)

(18) 그녀에게 사랑을 고백했다.　　　　(　　　　)

(19) 경매를 통해 싼 값으로 집을 샀다.　　　　(　　　　)

다음 訓(훈)과 音(음)에 맞는 漢字(한자)를 쓰세요.

(20) 값 가			(21) 고칠 개			(22) 들 거

(23) 물건 건			(24) 별 경			(25) 다툴 경

 다음 뜻풀이에 맞는 漢字語(한자어)를 〈보기〉에서 찾아 그 번호를 쓰세요.

〈보기〉	① 固正	② 見習	③ 去年
	④ 固有	⑤ 見聞	⑥ 去來

(26) 한곳에 붙어 있음					( )

(27) 지난해						( )

(28) 남이 하는 것을 보며 실무를 익히는 것		( )

6 다음 漢字(한자)의 ㉠획은 몇 번째에 쓰는지 〈보기〉에서 찾아 그 번호를 쓰세요.

〈보기〉	① 두 번째	② 세 번째	③ 네 번째
	④ 다섯 번째	⑤ 여섯 번째	⑥ 일곱 번째

(29)
    (   )

(30)
    (   )

021

考 생각할 고

- ◆ 부수 _ 耂(老)(늙을로) | ◆ 총획 _ 6 | ◆ 동 _ 念(념), 思(사)
- ✚ 考古學(고고학) : 고대의 인류 문화를 연구하는 학문
- ✚ 考案(고안) : 새로운 방법이나 물건을 연구하여 생각해 냄
- ✚ 思考(사고) : 생각하고 궁리함

늙어[耂] 등이 굽고[5] 땅속에 묻힐 것을
'생각하다'.

一 十 土 耂 耂 考

考　考　考

022

曲 굽을 곡

- ◆ 부수 _ 曰(가로왈) | ◆ 총획 _ 6 | ◆ 반 _ 直(직)
- ✚ 曲流(곡류) : 굽이쳐 흐르는 물
- ✚ 曲節(곡절) : 곡조의 마디
- ✚ 曲調(곡조) : 가사나 음악의 가락

임금에게 잘못을 아뢸[曰] 때는 두 손을 뻗고[‖]
허리를 '굽힌다'.

丨 冂 日 由 曲 曲

曲　曲　曲

023 課 공부할, 과정 과

- 부수 _ 言(말씀언) | ◆ 총획 _ 15

- 日課(일과) : 날마다 규칙적으로 하는 일
- 課業(과업) : 주어진 일
- 課長(과장) : 과의 책임자

말[言]을 들어 본 결과[果] 그가 '공부한' '과정'을 잘 알 수 있었다.

` ｀ ｀ ｀ ｀ 言 言 言 訂 訂 訂 評 課 課 課

| 課 | 課 | 課 | | | | | |

024 過 지날 과

- 부수 _ 辶(辵)(책받침) | ◆ 총획 _ 13 | ◆ 반 _ 功(공) | ◆ 동 _ 歷(력)

- 過去(과거) : 이미 지나간 때
- 過年(과년) : 여자가 시집갈 나이가 지남
- 過度(과도) : 정도가 지나침

입이 삐뚤어진[咼] 도둑이 유유히 지나간[辶] 게 어제니, 이미 '지난' 일이다.

丨 冂 冂 冃 吊 咼 咼 咼 過 過 過 過

| 過 | 過 | 過 | | | | | |

觀 볼 관

- 부수 _ 見(볼견) | ◆ 총획 _ 25 | ◆ 속 _ 観 | ◆ 동 _ 見(견), 示(시)
- 觀光(관광) : 다른 지방이나 다른 나라의 풍경을 구경함
- 觀望(관망) : 멀리 바라봄
- 觀客(관객) : 구경꾼

새[隹]들이 풀[艹] 속의 벌레를 먹기 위해 입[口口]을 벌리고 살펴[見] '본다'.

| 一 | 十 | 卄 | 廾 | 芇 | 苎 | 苎 | 苜 | 苜 | 苗 | 萑 | 萑 | 雚 | 雚 | 雚 | 雚 | 觀 | 觀 | 觀 | 觀 | 觀 | 觀 |

觀	觀	觀					

關 관계할 관

- 부수 _ 門(문문) | ◆ 총획 _ 19 | ◆ 속 _ 関
- 關門(관문) : 국경이나 교통의 요소에 설치하는 문
- 關心(관심) : 어떤 사물에 마음이 끌려 주의를 기울이는 것
- 通關(통관) : 세관을 통과하는 일

소인국[幺幺]에서는 깃발[丷]을 문에 [門] 달아 신분 '관계'를 나타낸다.

| 丨 | 冂 | 冂 | 冂 | 門 | 門 | 門 | 門 | 門 | 門 | 閂 | 閂 | 閏 | 閗 | 閞 | 關 | 關 | 關 | 關 |

關	關	關					

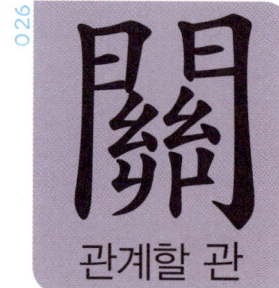

廣 넓을 광

- 부수 _ 广(엄호) | ◆ 총획 _ 15 | ◆ 속 _ 広
- 廣告(광고) : 세상에 널리 알림
- 廣大(광대) : 넓고 큼
- 廣野(광야) : 너른 들

누런[黃] 흙으로 집[广] 벽을 바르니 집이 더 '넓어' 보인다.

丶 亠 广 广 广 庐 庐 庐 庐 庐 廣 廣 廣 廣 廣

廣 廣 廣

橋 다리 교

- 부수 _ 木(나무목) | ◆ 총획 _ 16
- 木橋(목교) : 나무 다리
- 陸橋(육교) : 도로나 철도 위에 가로질러 놓은 다리
- 鐵橋(철교) : 철골 구조로 된 다리

냇가에 높이[喬] 나무[木]를 걸쳐 만든 '다리'.

一 十 オ 木 朩 杧 杇 杚 栢 栢 梒 梒 橋 橋 橋

橋 橋 橋

69

具 갖출 구

- 부수 _ 八(여덟팔) | ◆ 총획 _ 8
- 具體(구체) : 사물이 실제로 뚜렷한 형태를 갖추고 있는 것
- 具現(구현) : 구체적으로 나타남
- 具色(구색) : 골고루 다 갖춤

한[一] 눈[目]에 볼 수 있게 여덟 개[八]의 연장을 '갖춰' 놓았다.

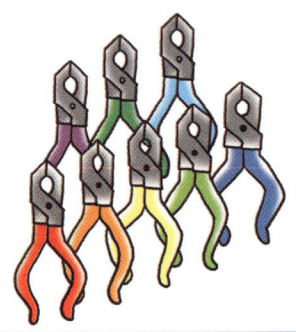

丨 冂 冂 目 目 且 具 具

具 具 具

救 구원할 구

- 부수 _ 攵(攴)(등글월문) | ◆ 총획 _ 11
- 救國(구국) : 나라를 위기에서 구함
- 救急(구급) : 위급한 처지에 있는 사람을 구함
- 救命(구명) : 목숨을 구함

악당을 물리치고[攵] 약자를 구하여[求] '구원하다'.

一 十 寸 寸 求 求 求 求 救 救 救

救 救 救

031 舊 예 구

◆ 부수 _ 臼(절구구) | ◆ 총획 _ 18 | ◆ 속 _ 旧 | ◆ 반 _ 新(신) | ◆ 동 _ 古(고)

+ 舊面(구면) : 전부터 안면이 있는 사람
+ 舊家(구가) : 오래된 집
+ 舊觀(구관) : 옛 모습

풀밭[艹]에서 절구질[臼]하며 새[隹]를 쫓던 때는 '옛적'.

一 十 卝 艹 艹 艾 萨 萨 萨 萑 萑 舊 舊 舊 舊 舊 舊

舊 舊 舊

032 局 판 국

◆ 부수 _ 尸(주검시) | ◆ 총획 _ 7

+ 局面(국면) : 일이 되어 가는 상태
+ 局地(국지) : 한정된 한 구역의 땅
+ 當局(당국) : 어떤 일을 담당하여 주관함

자[尺]로 잰 듯이 네모[口] 반듯한 바둑 '판'.

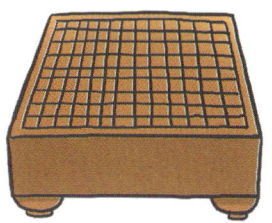

ㄱ ㄱ 尸 尸 局 局 局

局 局 局

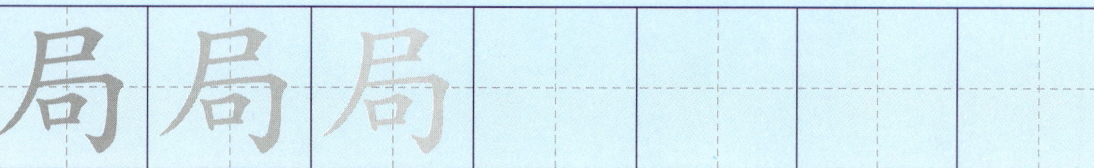

033

貴
귀할 귀

- ◆ 부수 _ 貝(조개패) | ◆ 총획 _ 12
- ✚ 貴公子(귀공자) : 신분이 높은 집안의 자제
- ✚ 貴國(귀국) : 상대편의 '나라'를 높여 이르는 말
- ✚ 貴重(귀중) : 매우 소중함

가운데[中] 구멍 하나[一]를 뚫어 돈[貝]을 꿴 후, '귀하게' 보관한다.

丶 ㄇ ㅁ 中 虫 虫 串 貴 青 昔 貴 貴

貴 貴 貴

034

規
법 규

- ◆ 부수 _ 見(볼견) | ◆ 총획 _ 11 | ◆ 동 _ 度(도), 例(례), 法(법), 式(식), 典(전), 則(칙)
- ✚ 規約(규약) : 약속한 규칙
- ✚ 規定(규정) : 규칙을 정함
- ✚ 規則(규칙) : 지키고 따라야 할 준칙

대장부[夫]는 사물을 볼[見] 때 정의의 '법'에 따라야 한다.

一 二 丰 夫 夫 却 却 押 担 規 規

規 規 規

給 줄 급

- 부수 _ 糸(실사) | ◆ 총획 _ 12 | 비 _ 答(답), 合(합)
- 給料(급료) : 일에 대한 대가로 지급하는 돈
- 給水(급수) : 물을 공급함
- 給食(급식) : 음식을 제공함

실[糸]을 합[合]쳐서 길게 이어 '준다'.

` ⺌ ⺌ ⺌ 幺 糸 糸 紒 絵 給 給 給 給 `

給 給 給

基 터 기

- 부수 _ 土(흙토) | ◆ 총획 _ 11 | 비 _ 旗(기), 期(기)
- 基調(기조) : 사상이나 학설의 기본적인 성향
- 基業(기업) : 바탕이 되는 사업
- 基本(기본) : 사물의 기초와 근본

그[其] 흙[土]을 잘 골라 집 '터'를 잡는다.

` 一 十 卄 卄 甘 甘 其 其 其 基 基 `

基 基 基

037 期 기약할 기

- 부수 _ 月(달월) | ◆ 총획 _ 12
- 期間(기간) : 어느 시기에서 다른 시기까지의 사이
- 期待(기대) : 어떤 일이 이루어지기를 바라고 기다림
- 期約(기약) : 때를 정하여 약속함

그[其] 달[月]의 모양을 보고 시간을 알아, 다음을 '기약한다'.

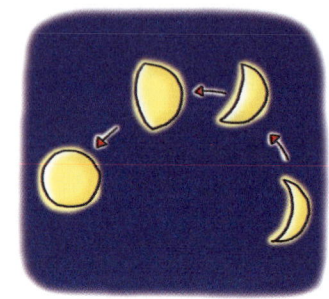

一 十 十 十 廿 甘 甘 其 其 其 期 期 期 期

期 期 期

038 技 재주 기

- 부수 _ 扌(手)(재방변) | ◆ 총획 _ 7 | ◆ 동 _ 術(술), 才(재)
- 技能(기능) : 기술적인 능력이나 재능
- 技術(기술) : 어떤 일을 정확하고 능률적으로 해내는 능력
- 競技(경기) : 기술이 낫고 못함을 서로 겨루는 일

나뭇가지[支]처럼 갈라진 손[扌]으로 물건을 만드는 '재주'.

一 十 扌 扩 扩 扶 技

技 技 技

己 몸 기

- 부수 _ 己(몸기) | ◆ 총획 _ 3 | 반 _ 心(심) | 동 _ 身(신), 體(체)

+ 利己(이기) : 자기의 이익을 위함
+ 自己(자기) : 그 사람 자신
+ 知己(지기) : 자기를 잘 알아주는 친구

허리를 굽히고 공손히 무릎을 꿇고 앉아 있는 '내' '몸'.

```
ㄱ ㄷ 己
己 己 己
```

汽 물끓는김 기

- 부수 _ 氵(水)(삼수변) | ◆ 총획 _ 7

+ 汽車(기차) : 증기의 힘으로 궤도 위를 가는 차량
+ 汽船(기선) : 증기의 힘으로 가는 배
+ 汽力(기력) : 증기의 힘

물[氵]이 끓으면 구름처럼 피어오르는 [气] '김'.

```
丶 丶 氵 氵 沪 浐 汽
汽 汽 汽
```

기초다지기 2

1 다음 가로와 세로를 이용하여 퍼즐의 답을 漢字(한자)로 써넣으세요.

 가로

① 일과 (날마다 규칙적으로 하는 일)
② 국면 (일이 되어 가는 상태)
③ 경기 (기술이 낫고 못함을 서로 겨루는 일)

 세로

① 과업 (주어진 일)
② 당국 (어떤 일을 담당하여 주관함)
③ 기능 (기술적인 능력이나 재능)

2 다음 독음에 알맞은 漢字(한자)를 빈칸에 써넣으세요.

(1) 사고 　思 □

(2) 과업 □ 業

(3) 철교 　鐵 □

(4) 광고 □ 告

(5) 당국 　當 □

(6) 규정 □ 定

3 다음에서 서로 어울리는 漢字(한자)와 訓(훈), 音(음)을 묶으세요.

판　　국　　技

광　　廣　　局　　기

넓을　　재주

실전문제 2

1 다음 漢字(한자)의 訓(훈)과 音(음)을 바르게 연결하세요.

(1) 舊面
(2) 給水
(3) 汽車
(4) 期待
(5) 基本
(6) 利己
(7) 技能
(8) 過去

2 다음 漢字(한자)의 訓(훈)과 音(음)을 쓰세요.

(9) 貴
(10) 汽
(11) 具
(12) 曲
(13) 關
(14) 廣

3 다음 문장의 밑줄 친 한자어를 漢字(한자)로 쓰세요.

(15) 아이가 장난감에 <u>관심</u>을 갖고 있습니다. (   )

(16) 할아버지께서는 아침 산책을 <u>일과</u>로 삼으십니다. (   )

(17) 우리 학교는 <u>급식</u>을 실시하고 있습니다. (   )

(18) 이 액자는 우리 집 가보로 <u>귀중</u>히 다뤄야 한다. (   )

(19) <u>규칙</u>적인 생활을 하면 건강해집니다. (   )

4 다음 訓(훈)과 音(음)에 맞는 漢字(한자)를 쓰세요.

(20) 볼 관   (21) 예 구   (22) 줄 급

(23) 몸 기   (24) 기약할 기   (25) 생각할 고

5 다음 뜻풀이에 맞는 漢字語(한자어)를 〈보기〉에서 찾아 그 번호를 쓰세요.

〈보기〉	① 貴國	② 技能	③ 陸橋
	④ 貴重	⑤ 技術	⑥ 鐵橋

(26) 도로나 철도 위에 가로질러 놓은 다리 ( )

(27) 매우 소중함 ( )

(28) 어떤 일을 정확하고 능률적으로 해내는 능력 ( )

6 다음 漢字(한자)의 ㉠획은 몇 번째에 쓰는지 〈보기〉에서 찾아 그 번호를 쓰세요.

〈보기〉	① 첫 번째	② 두 번째	③ 세 번째
	④ 네 번째	⑤ 다섯 번째	⑥ 여섯 번째

(29)
( )

(30)
( )

길할 길

- 부수 _ 口(입구) | 총획 _ 6 | 비 _ 結(결) | 반 _ 凶(흉)

+ 吉年(길년) : 혼인하기 좋은 해
+ 吉月(길월) : 좋은 달
+ 吉日(길일) : 좋은 날

나이 많은 선비[士] 입[口]에서 나온 말을 잘 따르면 앞날이 '길하다'.

一 十 士 吉 吉 吉

吉 吉 吉

생각 념

- 부수 _ 心(마음심) | 총획 _ 8 | 동 _ 考(고), 思(사)

+ 念頭(염두) : 머릿속의 생각, 마음
+ 念力(염력) : 신념이 주는 힘
+ 念願(염원) : 마음속으로 생각하고 바람

지금[今] 그는 마음[心]속으로 무슨 '생각'을 할까?

丿 人 𠆢 今 今 念 念 念

念 念 念

能 능할 능

- 부수 _ 月(肉)(육달월) | ◆ 총획 _ 10
- 能動(능동) : 스스로 움직이거나 작용하는 것
- 能力(능력) : 어떤 일을 해낼 수 있는 힘
- 能通(능통) : 어떤 일에 환히 통달함

내[厶] 몸[月]에 날카롭고 짧은 칼 두 개[ヒヒ]를 숨길 수 있는 '능력'이 있다.

丿 厶 夯 夯 夯 育 育 能 能 能

能 能 能

團 둥글 단

- 부수 _ 口(큰입구몸) | ◆ 총획 _ 14 | ◆ 속 _ 団 | ◆ 비 _ 傳(전)
- 集團(집단) : 많은 사람이나 동물, 또는 물건이 모여서 무리를 이룬 상태
- 團體(단체) : 같은 목적으로 모인 두 사람 이상의 모임
- 團結(단결) : 여러 사람이 한데 뭉침

에워싸듯[口] 오로지[專] 한뜻으로 '둥글게' 모였다.

丨 冂 冂 冃 冃 同 同 周 周 團 團 團 團 團

團 團 團

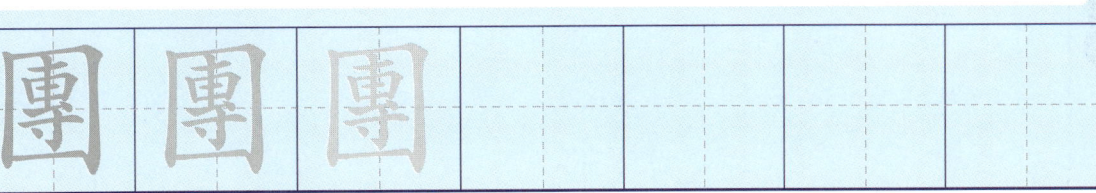

壇
단 단

- 부수 _ 土(흙토) | ◆ 총획 _ 16
- 壇上(단상) : 단의 위
- 敎壇(교단) : 교실에서 선생님이 강의할 때 올라서는 단
- 文壇(문단) : 문인들의 사회

흙[土]을 높게[亶] 쌓은 '단'.

一 十 土 圵 圹 圹 圻 圻 垧 坥 壇 壇 壇 壇 壇

壇 壇 壇

談
말씀 담

- 부수 _ 言(말씀언) | ◆ 총획 _ 15 | ◆ [동] _ 說(설), 語(어), 言(언), 話(화)
- 談話(담화) : 이야기. 이야기를 나눔
- 對談(대담) : 어떤 일에 대해 서로 이야기를 주고받음
- 面談(면담) : 직접 만나서 이야기함

열정[炎]적으로 이야기[言]를 하는 선생님의 '말씀'을 듣다.

丶 亠 亍 言 言 言 言 訁 訁 談 談 談 談 談 談

談 談 談

047

當 마땅할 당

- 부수 _ 田(밭전) | ◆ 총획 _ 13 | ◆ (속) _ 当

+ 當局(당국) : 그 일을 담당하고 있는 기관
+ 當面(당면) : 눈앞. 목전
+ 當然(당연) : 이치로 보아 마땅히 그러함

밭[田]을 숭상함[尚]이 '마땅하다'.

丨 丨 丨 丷 丷 屵 屵 屵 屵 屵 屵 當 當

| 當 | 當 | 當 | | | | | |

048

德 큰 덕

- 부수 _ 彳(두인변) | ◆ 총획 _ 15 | ◆ (속) _ 徳

+ 德望(덕망) : 덕행으로 얻은 명망
+ 德目(덕목) : 도덕의 내용을 분류한 것
+ 德性(덕성) : 어질고 너그러운 품성

친구 집에 가니[彳], 창[罒]이 열[十] 개나 되는 부자가 되었음에도 마음[心]은 한결[一]같으니 역시 '큰' 사람이다.

丿 丿 彳 彳 彳 彳 彳 徳 徳 徳 徳 徳 德 德 德

| 德 | 德 | 德 | | | | | |

到 이를 도

◆ 부수 _ 刂(刀)(선칼도방) | ◆ 총획 _ 8 | ◆ 비 _ 致(치)

+ 到來(도래) : 이름. 닥침
+ 到着(도착) : 목적지에 이름
+ 當到(당도) : 미리 정해 놓은 곳에 이름

칼[刂]을 들고 목적지에 이르러[至] 다음 '이를' 곳을 정한다.

一 エ 云 云 主 至 到 到

到 到 到

島 섬 도

◆ 부수 _ 山(뫼산) | ◆ 총획 _ 10

+ 半島(반도) : 대륙에서 바다 쪽으로 길게 뻗어나와 삼면이 바다인 육지
+ 島民(도민) : 섬사람
+ 落島(낙도) : 떨어져 홀로 있는 섬

새[鳥]가 물 가운데 있는 산[山]으로 모이니 새가 많은 '섬'.

´ ′ ŕ 户 自 自 鳥 鳥 島 島

島 島 島

84 한자박사 5급

051

都
도읍 도

- ◆ 부수 _ 阝(邑)(우부방) | ◆ 총획 _ 12 | ◆ 속 _ 都 | ◆ 비 _ 郡(군), 部(부)

+ 都會地(도회지) : 사람이 많이 모여 사는 번화한 곳
+ 首都(수도) : 나라의 중앙 정부가 있는 도시
+ 都邑(도읍) : 서울

사람[者]이 가장 많은 고을[阝]이 '도읍' 이다.

一 十 土 耂 耂 耂 者 者 者 者' 者阝 都

都 都 都

052

獨
홀로 독

- ◆ 부수 _ 犭(犬)(개사슴록변) | ◆ 총획 _ 16 | ◆ 속 _ 独 | ◆ 반 _ 等(등), 類(류)

+ 獨立(독립) : 다른 것에 속하거나 기대지 않음
+ 獨白(독백) : 혼잣말
+ 獨善(독선) : 자기만이 옳다고 생각함

창문[罒] 아래 개[犭]가 벌레[虫]에 둘러싸여[勹] '홀로' 끙끙대고 있다.

丿 犭 犭 犭 犭 犭 犭 犭 犸 犸 犸 獨 獨 獨 獨

獨 獨 獨

85

落 떨어질 락

- 부수 _ 艹(艸)(초두머리) | ◆ 총획 _ 13
- 落第(낙제) : 성적이 나빠 상급 학년으로 진급하지 못함
- 落馬(낙마) : 말에서 떨어짐
- 落望(낙망) : 희망이 없어짐

풀[艹]잎에 맺힌 물[氵] 방울이 각각[各] '떨어진다'.

一 十 艹 艹 艹 艹 艹 汁 汸 莎 茨 落 落

落 落 落

朗 밝을 랑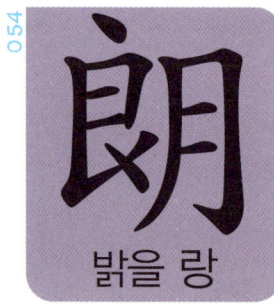

- 부수 _ 月(달월) | ◆ 총획 _ 11 | ◆ 속 _ 朗 | ◆ 비 _ 良(량) | ◆ 동 _ 明(명)
- 朗讀(낭독) : 소리 내어 읽음
- 朗朗(낭랑) : 소리가 또랑또랑한 모양
- 明朗(명랑) : 밝고 쾌활함

달[月]빛이 보기 좋게[良] '밝다'.

丶 亠 亨 彐 良 良 良 朗 朗 朗 朗

朗 朗 朗

冷 찰 랭

- 부수 _ 冫(이수변) | 총획 _ 7 | 반 _ 熱(열), 溫(온) | 동 _ 寒(한)
- 冷戰(냉전) : 무기를 쓰지는 않으나 서로 적대시하고 있는 대립 상태
- 冷冷(냉랭) : 쌀쌀하게 참. 태도가 쌀쌀맞음
- 冷氣(냉기) : 찬 기운

그의 명령[令]은 얼음[冫]처럼 '차다'.

丶 冫 冫 冷 冷 冷 冷

冷 冷 冷

量 헤아릴 량

- 부수 _ 里(마을리) | 총획 _ 12 | 동 _ 度(도/탁), 料(료)
- 量知(양지) : 헤아려 앎
- 計量(계량) : 양을 잼
- 定量(정량) : 일정한 분량

해[日]가 뜨면 마을[里] 사람 한[一] 명이 쌀 가마니를 '헤아린다'.

丨 口 日 日 旦 旦 昌 昌 昌 量 量 量

量 量 量

良 어질 량

- 부수 _ 艮(괘이름간) | ◆ 총획 _ 7 | 비 _ 朗(랑)
- 良家(양가) : 좋은 집안
- 良民(양민) : 선량한 백성
- 良書(양서) : 좋은 책

잘못된[丶] 행동을 그치고[艮] '어질게' 살아간다.

어떻게 쓰나요

丶 ㇀ ㇂ ㇂ 白 良 良

良 良 良

旅 나그네 려

- 부수 _ 方(모방) | ◆ 총획 _ 10 | 비 _ 旗(기), 族(족) | 반 _ 主(주) | ◆ 동 _ 客(객)
- 旅客(여객) : 여행하는 사람
- 旅路(여로) : 여행길
- 旅費(여비) : 여행하는 데 드는 비용

김씨[氏] 성의 사람[人]이 사방[方]으로 '나그네' 처럼 여행한다.

어떻게 쓰나요

丶 亠 方 方 方 旁 旅 旅 旅

旅 旅 旅

지날 력

- 부수 _ 止(그칠지) | 총획 _ 16 | 속 _ 歴 | 동 _ 過(과)

+ 歷代(역대) : 이어 내려온 여러 대
+ 歷史(역사) : 거쳐 온 변천의 모습이나 기록
+ 來歷(내력) : 어떤 사물의 지나온 자취

집[厂]에서 일을 멈추고[止] 수확한 벼[禾禾]로 겨울을 '지낸다'.

一 厂 厂 厂 厂 厂 厂 厂 厂 厂 厤 厤 厤 歷 歷 歷

歷 歷 歷

익힐 련

- 부수 _ 糸(실사) | 총획 _ 15 | 속 _ 練 | 비 _ 束(속), 東(동) | 동 _ 習(습)

+ 訓練(훈련) : 무예나 기술 등을 실지로 쓸 수 있도록 배워 익힘
+ 練兵(연병) : 군사를 훈련함
+ 練習(연습) : 되풀이하여 익힘

실[糸]로 여덟[八] 번씩 묶으며[束] '익힌다'.

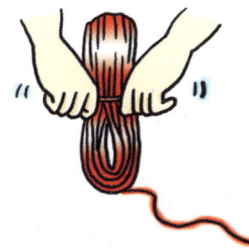

丿 乙 幺 幺 糸 糸 糸 紅 紅 絅 絅 絅 綀 練 練

練 練 練

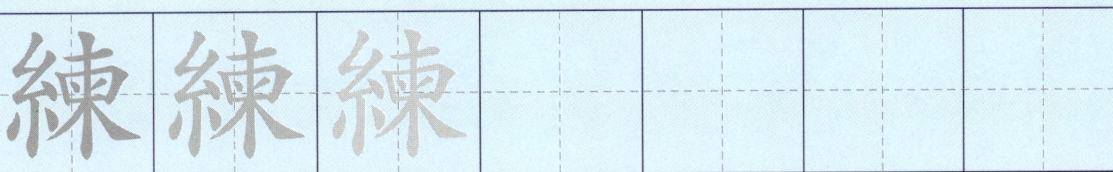

기초다지기 3

1 다음 가로와 세로를 이용하여 퍼즐의 답을 漢字(한자)로 써넣으세요.

가로

① 역사 (거쳐 온 변천의 모습이나 기록)

② 낙도 (떨어져 홀로 있는 섬)

③ 문단 (문인들의 사회)

세로

① 내력 (어떤 사물의 지나온 자취)

② 도민 (섬사람)

③ 교단 (교실에서 선생님이 강의 할 때 올라서는 단)

2 다음 독음에 알맞은 漢字(한자)를 빈칸에 써넣으세요.

(1) 길일 ☐ 日

(2) 단체 ☐ 體

(3) 담화 ☐ 話

(4) 당연 ☐ 然

(5) 반도 半 ☐

(6) 계량 計 ☐

3 다음에서 서로 어울리는 漢字(한자)와 訓(훈), 音(음)을 묶으세요.

- 생각
- 歷
- 헤아릴 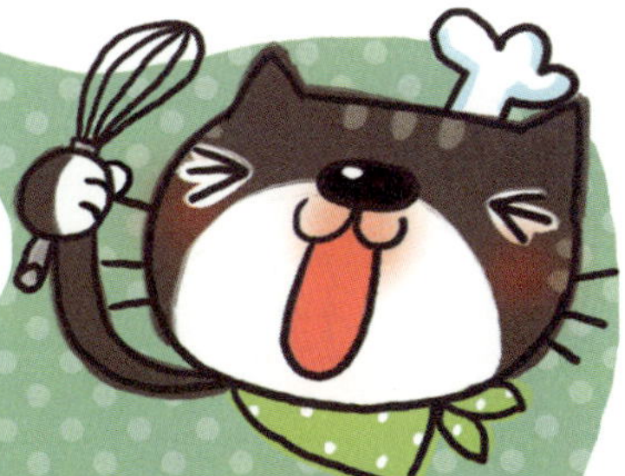
- 력
- 지날
- 量
- 념
- 念
- 량

실전문제 3

1 다음 漢字(한자)의 訓(훈)과 音(음)을 바르게 연결하세요.

(1) 能力　　　　　(5) 練習

(2) 壇上　　　　　(6) 德望

(3) 到着　　　　　(7) 都邑

(4) 良家　　　　　(8) 落馬

2 다음 漢字(한자)의 訓(훈)과 音(음)을 쓰세요.

(9) 當　　　　　(12) 朗

(10) 談　　　　　(13) 旅

(11) 獨　　　　　(14) 歷

3 다음 문장의 밑줄 친 한자어를 漢字(한자)로 쓰세요.

(15) 영희는 시 한 편을 낭독했습니다.　　　　　(　　　　)

(16) 대한민국의 수도는 서울이다.　　　　　(　　　　)

(17) 나는 매일 한 시간씩 피아노 연습을 한다.　　　　　(　　　　)

(18) 방 안이 냉기로 가득합니다.　　　　　(　　　　)

(19) 선생님은 교단에서 아이들을 가르친다.　　　　　(　　　　)

4. 다음 訓(훈)과 音(음)에 맞는 漢字(한자)를 쓰세요.

(20) 생각 념   (21) 섬 도   (22) 둥글 단

(23) 떨어질 락   (24) 말씀 담   (25) 길할 길

5. 다음 뜻풀이에 맞는 漢字語(한자어)를 〈보기〉에서 찾아 그 번호를 쓰세요.

〈보기〉	① 落望	② 獨白	③ 德望
	④ 落第	⑤ 獨善	⑥ 德性

(26) 자기만이 옳다고 생각함   (   )

(27) 희망이 없어짐   (   )

(28) 어질고 너그러운 품성   (   )

6. 다음 漢字(한자)의 ㉠획은 몇 번째에 쓰는지 〈보기〉에서 찾아 그 번호를 쓰세요.

〈보기〉	① 첫 번째	② 두 번째	③ 세 번째
	④ 네 번째	⑤ 다섯 번째	⑥ 여섯 번째

(29) 團   (   )

(30) 朗   (   )

令 하여금 령

◆ 부수 _ 人(사람인) | ◆ 총획 _ 5 | 동 _ 使(사)

+ 口令(구령) : 단체 행동에서 몸 동작을 같이 하도록 호령함
+ 命令(명령) : 윗사람이 아랫사람에게 내리는 분부
+ 令愛(영애) : 남을 높여 그의 딸을 이르는 말

임금이 신하[人]들로 '하여금' 일[一]렬로 무릎 [卩]을 꿇고 '명령'에 복종하도록 시킨다.

ノ 人 ᄉ 今 令

令 令 令

領 거느릴 령

◆ 부수 _ 頁(머리혈) | ◆ 총획 _ 14

+ 領事(영사) : 외국에 주재하여 거류민을 보호하는 일을 맡은 관리
+ 領土(영토) : 영유하고 있는 땅
+ 領有(영유) : 점령하여 소유함

우두머리[頁]는 명령[令]하며 아랫사람을 '거느린다'.

ノ 人 ᄉ 今 令 令 領 領 領 領 領 領 領

領 領 領

94 한자박사 5급

063

勞 일할 로

- ◆ 부수 _ 力(힘력) | ◆ 총획 _ 12 | ㉔_ 労 | ㉕_ 使(사)
- ✦ 功勞(공로) : 어떤 일에 이바지한 공적과 노력
- ✦ 勞苦(노고) : 힘들여 애씀
- ✦ 勞動(노동) : 힘써 일함

불길[火火]에 덮히자[冖] 힘[力]써 불을 끄는 '일을 하는' 사람.

丶 丶 丷 丷 炏 炏 炏 炏 炏 劳 勞 勞

勞 勞 勞

064

料 헤아릴 료

- ◆ 부수 _ 斗(말두) | ◆ 총획 _ 10 | ㉗_ 科(과) | ㉘_ 量(량), 度(도/탁)
- ✦ 料金(요금) : 남에게 수고를 끼쳤거나, 사물을 사용.
  관람한 대가로 지불하는 돈
- ✦ 料理(요리) : 음식을 만드는 일이나 그 음식
- ✦ 給料(급료) : 일에 대한 대가로 지급하는 돈

쌀[米]을 말[斗]로 '헤아린다'.

丶 丶 丷 二 半 米 米 米 料 料

料 料 料

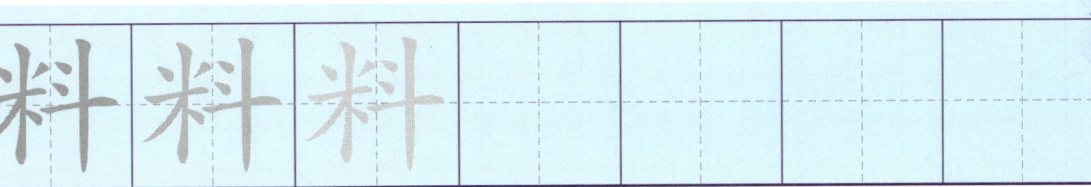

95

065 流 흐를 류

- 부수 _ 氵(水)(삼수변) | ◆ 총획 _ 10
- 流動(유동) : 흘러 움직임
- 流産(유산) : 산달이 되기 전에 아이가 죽어서 나옴
- 交流(교류) : 문화나 사상 등이 서로 오가며 섞임

내[厶]가 갓[亠]을 쓰고 가다가 냇물[川(氵)]이 '흐르는' 곳에서 멈췄다.

`丶 丶 氵 氵 氵 浐 浐 浐 浐 流`

| 流 | 流 | 流 | | | | |

066 類 무리 류

- 부수 _ 頁(머리혈) | ◆ 총획 _ 19 | ◆ 비 _ 頭(두) | ◆ 반 _ 獨(독) | ◆ 동 _ 等(등)
- 類例(유례) : 비슷한 전례
- 類別(유별) : 종류에 따라 구별함
- 同類(동류) : 같은 무리

쌀[米]밥을 먹으려고 개[犬]들이 머리[頁]를 모으고 '무리' 지어 있다.

`丶 丶 丷 半 米 米 米 米 迷 类 类 類 類 類 類 類 類 類`

| 類 | 類 | 類 | | | | |

陸 뭍 륙

◆ 부수 _ 阝(阜)(좌부변) | ◆ 총획 _ 11 | 반 _ 海(해)

+ 陸橋(육교) : 도로나 철도 위에 가로질러 놓은 다리
+ 陸軍(육군) : 육상에서 싸우는 군인
+ 陸路(육로) : 육상의 길

흙[土土]과 언덕[阝] 여덟[八] 개로 이루어진 '뭍(육지)'.

어떻게 쓰나요

｀ ｊ 阝 阝- 阝+ 阡 阹 陆 陸 陸 陸

陸 陸 陸

馬 말 마

◆ 부수 _ 馬(말마) | ◆ 총획 _ 10

+ 馬夫(마부) : 말을 부리는 사람
+ 馬車(마차) : 말이 끄는 수레
+ 落馬(낙마) : 말에서 떨어짐

'말'이 앞다리를 쳐들고 있는 모양.

어떻게 쓰나요

｜ 厂 F F F 馬 馬 馬 馬 馬

馬 馬 馬

069

끝 말

◆ 부수 _ 木(나무목) | ◆ 총획 _ 5 | 반 _ 始(시), 初(초) | ◆ 동 _ 卒(졸), 終(종)

✚ 末期(말기) : 끝나는 시기
✚ 末年(말년) : 일생의 끝 무렵
✚ 本末(본말) : 일의 처음과 끝

나무[木] 한[一] 그루가 '끝' 까지 잘 자랐다.

一 = ㅓ ㅓ 末

末 末 末

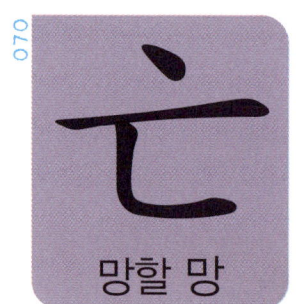

070

망할 망

◆ 부수 _ 亠(돼지해머리) | ◆ 총획 _ 3 | ◆ 동 _ 敗(패)

✚ 亡國(망국) : 망한 나라
✚ 亡德(망덕) : 덕이 없음
✚ 亡者(망자) : 죽은 사람

가장 한[丶] 사람이 숨어서[ㄴ] 도망가니 '망한' 집안이다.

丶 二 亡

亡 亡 亡

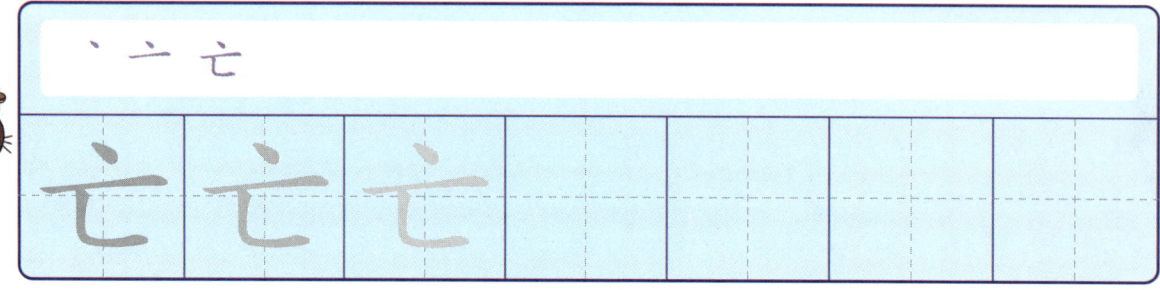

- 부수 _ 月(달월) | ◆ 총획 _ 11 | ◆ 동 _ 願(원)
- 望夫石(망부석) : 아내가 멀리 떠난 남편을 기다리다 죽어서 되었다는 돌
- 望月(망월) : 달을 바라봄
- 可望(가망) : 될 것 같은 희망

죽어 가는[亡] 임금[王]을 살려 달라고 달[月]을 보며 '바란다'.

` ㆍ ㄣ ㅊ 亡 刃 刃 朚 朚 望 望 望`

望 望 望

- 부수 _ 貝(조개패) | ◆ 총획 _ 12 | ◆ 반 _ 賣(매)
- 賣買(매매) : 사고팖
- 買食(매식) : 음식을 사 먹음
- 買入(매입) : 사들임

그물[罒]이 가득 찰 때까지 물건을 돈[貝]으로 '산다'.

`丨 冂 罒 罒 罒 罒 𧵳 胃 胃 買 買 買`

買 買 買

賣 팔 매

- 부수 _ 貝(조개패) | 총획 _ 15 | 속 _ 売 | 반 _ 買(매) | 비 _ 讀(독)
- 賣國(매국) : 나라를 팖
- 賣店(매점) : 물건을 파는 작은 가게
- 賣出(매출) : 물건을 내다 팖

선비[士]가 돈이 없어 산[買] 물건을 다시 '판다'.

一 十 士 吉 吉 吉 吉 吉 声 声 吉 吉 吉 賣 賣

賣 賣 賣

無 없을 무

- 부수 _ 灬(火)(연화발) | 총획 _ 12 | 속 _ 无 | 반 _ 有(유), 在(재)
- 無價(무가) : 가격이 없음
- 無給(무급) : 하는 일에 대한 보수가 없음
- 無念(무념) : 아무 생각이 없음

사람[人]이 나무 네[∥∥] 개를 두[二] 줄로 쌓아 불[灬]을 피우니 추위가 금세 '없어졌다'.

丿 ノ 느 느 느 無 無 無 無 無 無

無 無 無

곱 배

- 부수 _ 亻(人)(사람인변) | ◆ 총획 _ 10
- 倍前(배전) : 이전보다 갑절 정도로 더함
- 倍加(배가) : 갑절을 더함
- 倍數(배수) : 갑절이 되는 수

사람[亻]이 자꾸 모이니[㐄] 인구[口]가 '곱'이 되었다.

ノ 亻 亻' 亻" 亻" 仲 倍 倍 倍

倍 倍 倍

법 법

- 부수 _ 氵(水)(삼수변) | ◆ 총획 _ 8 | ◆ 비 _ 去(거)
- 法科(법과) : 법을 연구하는 학과
- 法規(법규) : 법률상의 규정
- 法度(법도) : 법률과 제도

물[氵]이 흘러가는[去] 순리처럼, 모두에게 공평해야 하는 '법'.

丶 丶 氵 氵 汁 法 法 法

法 法 法

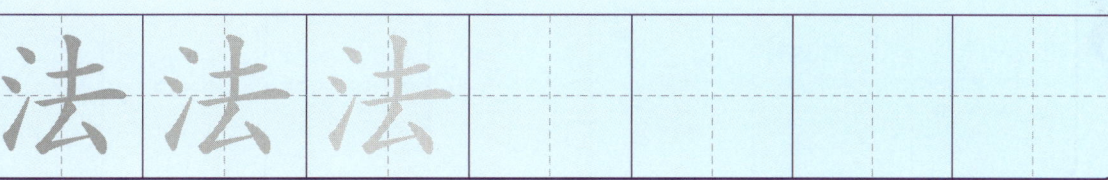

077 變 변할 변

- 부수 _ 言(말씀언) | ◆ 총획 _ 23 | ◆ 속 _ 変 | ◆ 동 _ 化(화)
- 變改(변개) : 바꾸어 고침
- 變動(변동) : 변하여 움직임
- 變化(변화) : 모양이나 성질이 달라짐

실[糸]과 실[糸]을 잇는 인내심을 가지고, 말[言]로 타이르고 매로 치면[攵] 아이는 '변한다'.

` ` ㄴ ㅗ ㅡ 言 言 言 絲 絲 絲 絲 絲 絲 絲 絲 絲 絲 絲 戀 變 變

變	變	變				

078 兵 병사 병

- 부수 _ 八(여덟팔) | ◆ 총획 _ 7 | ◆ 동 _ 軍(군)
- 兵車(병거) : 전쟁 때 쓰는 수레
- 兵法(병법) : 전쟁의 요령과 방법
- 兵士(병사) : 군사. 사병

언덕[丘] 아래에 숨어 있는 여덟[八] 명의 '병사'.

` ㄱ ㄷ 丘 丘 兵 兵

兵	兵	兵				

福 복 복

- ◆ 부수 _ 示(보일시) | ◆ 총획 _ 14 | 반_ 災(재) | 동_ 幸(행)
- ✚ 福德(복덕) : 복이 많고 덕이 두터움
- ✚ 幸福(행복) : 만족하여 부족이나 불만이 없음
- ✚ 福利(복리) : 행복과 이익

식구[口]가 하나[一]인데, 신[示]이 큰 밭[田]을 주니 '복'이 참 많다.

一 ニ テ 禾 禾 礻 礻 礻 礻 祠 祠 福 福 福

福 福 福

奉 받들 봉

- ◆ 부수 _ 大(큰대) | ◆ 총획 _ 8 | 동_ 仕(사)
- ✚ 奉仕(봉사) : 남을 위하여 자기를 돌보지 않고 헌신적으로 일함
- ✚ 奉養(봉양) : 집안의 웃어른을 받들고 공양함
- ✚ 奉命(봉명) : 임금의 명령을 받듦

위대[大]한 임금은 두[二] 손[扌→丰]으로 '받들어야' 한다.

一 二 三 丰 夫 表 表 奉

奉 奉 奉

103

기초다지기 4

1 다음 가로와 세로를 이용하여 퍼즐의 답을 漢字(한자)로 써넣으세요.

 가로

① 급료 (일한 것에 대한 보수)
② 복리 (행복과 이익)
③ 마차 (말이 끄는 수레)

 세로

① 요리 (음식을 만드는 일이나 그 음식)
② 행복 (만족하여 부족이나 불만이 없음)
③ 낙마 (말에서 떨어짐)

2 다음 독음에 알맞은 漢字(한자)를 빈칸에 써넣으세요.

(1) 유산 □ 産　　(4) 법규 □ 規

(2) 말기 □ 期　　(5) 무념 □ 念

(3) 망자 □ 者　　(6) 봉양 □ 養

3 다음에서 서로 어울리는 漢字(한자)와 訓(훈), 音(음)을 묶으세요.

流　　　無

류　　변할　　무　　없을

흐를　　　變　　변

실전문제 4

1 다음 漢字(한자)의 訓(훈)과 音(음)을 바르게 연결하세요.

(1) 勞苦

(2) 交流

(3) 馬夫

(4) 賣買

(5) 無價

(6) 奉仕

(7) 變改

(8) 末期

2 다음 漢字(한자)의 訓(훈)과 音(음)을 쓰세요.

(9) 福

(10) 法

(11) 亡

(12) 令

(13) 料

(14) 陸

3 다음 문장의 밑줄 친 한자어를 漢字(한자)로 쓰세요.

(15) 선생님은 아이들에게 얌전히 굴라고 명령했다.　　(　　　　)

(16) 신데렐라는 호박 마차를 타고 파티에 갔습니다.　　(　　　　)

(17) 매출이 점점 늘고 있다.　　(　　　　)

(18) 사춘기에는 목소리에 변화가 온다.　　(　　　　)

(19) 불우 이웃에게 봉사하다.　　(　　　　)

4 다음 訓(훈)과 音(음)에 맞는 漢字(한자)를 쓰세요.

(20) 없을 무   (21) 거느릴 령   (22) 끝 말

(23) 곱 배   (24) 병사 병   (25) 복 복

5 다음 뜻풀이에 맞는 漢字語(한자어)를 〈보기〉에서 찾아 그 번호를 쓰세요.

〈보기〉	① 倍加	② 福德	③ 陸軍
	④ 倍數	⑤ 福利	⑥ 陸路

(26) 육상의 길 ( )

(27) 갑절이 되는 수 ( )

(28) 행복과 이익 ( )

6 다음 漢字(한자)의 ㉠획은 몇 번째에 쓰는지 〈보기〉에서 찾아 그 번호를 쓰세요.

〈보기〉	① 네 번째	② 다섯 번째	③ 여섯 번째
	④ 일곱 번째	⑤ 여덟 번째	⑥ 아홉 번째

(29)    (30)

( )   ( )

比 견줄 비

- 부수 _ 比(견줄비) | ◆ 총획 _ 4 | [비] _ 北(북)
- 比等(비등) : 서로 비슷함
- 比重(비중) : 다른 사물과 비교했을 때의 중요도
- 對比(대비) : 서로 맞대어 비교함

두 사람[ヒヒ]이 나란히 앉아 서로를 '**견주다**'.

`一 ナ 上 比`

比 比 比

費 쓸 비

- 부수 _ 貝(조개패) | ◆ 총획 _ 12 | [동] _ 用(용)
- 費用(비용) : 어떤 일을 하는 데 드는 돈
- 經費(경비) : 어떤 일을 하는 데 드는 비용
- 旅費(여비) : 여행에 드는 비용

자기 돈[貝]이 아니어도[弗] 아껴 '**써야**' 한다.

`一 ニ 弓 弗 弗 弗 弗 弗 費 費 費 費`

費 費 費

083 鼻 코 비

- 부수 _ 鼻(코비) | ◆ 총획 _ 14
- 鼻音(비음) : 콧소리
- 鼻祖(비조) : 어떤 일을 가장 먼저 시작한 사람
- 耳目口鼻(이목구비) : 귀, 눈, 입, 코

밭[田]에서 수확된 벼를 들고[廾] 자기[自] '코'로 냄새를 맡는다.

어떻게 쓰나요

ノ 亻 宀 自 自 自 帛 帛 帛 皐 皐 鼻 鼻

鼻 鼻 鼻

084 氷 얼음 빙

- 부수 _ 水(물수) | ◆ 총획 _ 5 | ◆ 속_氷 | ◆ 비_永(영)
- 氷山(빙산) : 얼음 산
- 氷水(빙수) : 얼음과 물. 차디찬 물
- 結氷(결빙) : 물이 얼어붙음

물[水]이 얼어[冫] 응결된 것이니 '얼음'.

어떻게 쓰나요

丿 亅 氵 氺 氷

氷 氷 氷

085

선비 사

- 부수 _ 士(선비사) | ◆ 총획 _ 3 | 비 _ 土(토)
- 士農工商(사농공상) : 선비, 농민, 장인, 상인의 네 가지 신분
- 士氣(사기) : 적에 대한 병사의 기세
- 士大夫(사대부) : 문벌이 높은 집안의 사람

하나[一]를 보면 열[十]을 깨닫는 '선비'.

一 十 士

士 士 士

086

섬길 사

- 부수 _ 亻(人)(사람인변) | ◆ 총획 _ 5 | 동 _ 奉(봉)
- 奉仕(봉사) : 남을 위하여 자신의 이익을 돌보지 않고 몸과 마음을 다함
- 出仕(출사) : 벼슬하여 관아에 나아감
- 仕路(사로) : 벼슬길

선비[士] 된 사람[亻]은 바른 글로써 임금을 '섬긴다'.

丿 亻 什 仕 仕

仕 仕 仕

087 史 사기 사

- 부수 _ 口(입구) | ◆ 총획 _ 5
- 史觀(사관) : 역사 발전 법칙에 대해 가지는 견해
- 史記(사기) : 사관이 역사적 사실을 기록한 책
- 史家(사가) : 역사에 정통한 사람

중심[中]을 바르게 잡고 글을 써[乀] 기록 '사기'.

ㅣ 口 口 史 史

史　史　史

---

088 寫 베낄 사

- 부수 _ 宀(갓머리) | ◆ 총획 _ 15 | ◆ 속 _ 写
- 寫本(사본) : 문서나 책을 베낌, 또는 베낀 문서나 책
- 寫生(사생) : 자연의 경치나 사물을 그대로 그림
- 寫書(사서) : 책을 베낌

집[宀] 안의 절구[臼]가 불[灬]에 휩싸인[勹] 모습을 '베껴' '그린다'.

丶 丶 宀 宀 宀 宀 宀 宀 宁 宁 宕 寫 寫 寫 寫

寫　寫　寫

089

思 생각 사

- 부수 _ 心(마음심) | ◆ 총획 _ 9 | ◆ 동 _ 考(고), 念(념)
- 思考(사고) : 생각하고 궁리함
- 思念(사념) : 마음속으로 생각함
- 思想(사상) : 생각

밭[田]에 무엇을 심을지 마음[心]속으로 '생각한다'.

어떻게 쓰나요

｜ 冂 曰 由 田 甲 思 思 思

思 思 思

090

查 조사할 사

- 부수 _ 木(나무목) | ◆ 총획 _ 9 | ◆ 비 _ 租(조)
- 査正(사정) : 조사하여 그릇된 것을 바로잡음
- 査定(사정) : 조사하여 결정함
- 査問(사문) : 조사하여 따져 물음

나무[木]를 심고, 또[且] 잘 자라는지 '조사한다'.

어떻게 쓰나요

一 十 才 木 木 杏 杳 査 査

査 査 査

産
낳을 산

◆ 부수 _ 生(날생) | ◆ 총획 _ 11 | ◆ 동 _ 生(생), 出(출), 活(활)

+ 産氣(산기) : 아이를 낳을 기미
+ 産母(산모) : 아이를 낳은 지 얼마 되지 않은 여자
+ 産物(산물) : 그 지방에서 생산되는 물건

집[厂]에서 살면서[生] 머리[亠]와 두 팔[八]이 건강한 아이를
'낳았다'.

어떻게 쓰나요

` 亠 六 立 立 产 产 产 産 産 産

産 産 産

賞
상줄 상

◆ 부수 _ 貝(조개패) | ◆ 총획 _ 15 | ◆ 비 _ 堂(당)

+ 賞金(상금) : 상으로 주는 돈
+ 賞品(상품) : 상으로 주는 물품
+ 大賞(대상) : 상 중에서 으뜸상

공로를 높이[尚] 평가하여 돈[貝]으로
'상을 주었다'.

어떻게 쓰나요

丨 丨 丷 丷 丷 丷 尚 尚 尚 堂 堂 堂 賞 賞

賞 賞 賞

093

장사 상

◆ 부수 _ 口(입구) | ◆ 총획 _ 11

+ 商工業(상공업) : 상업과 공업
+ 商店(상점) : 가게
+ 商品(상품) : 사고파는 물건

머리[亠]에 띠를 두르고, 여덟[八] 필의 비단을 성[冂] 앞에서 팔[八]고 사라고 입으로[口] 외치며 '장사' 한다.

| 丶 亠 亠 产 产 产 产 商 商 商 |
| 商 | 商 | 商 | | | | | |

094

서로 상

◆ 부수 _ 目(눈목) | ◆ 총획 _ 9

+ 相見(상견) : 서로 만나봄
+ 相關(상관) : 서로 관련이 있음
+ 相談(상담) : 서로 의논함

나무[木] 양쪽에 서서 눈[目]으로 '서로' 를 바라본다.

| 一 十 才 木 札 机 相 相 相 |
| 相 | 相 | 相 | | | | | |

095

序
차례 서

- 부수 _ 广(엄호) | ◆ 총획 _ 7 | 비 _ 野(야) | ◆ 동 _ 番(번). 第(제)

+ 序曲(서곡) : 음악에서 첫머리에 연주되는 악곡
+ 序文(서문) : 머리말
+ 順序(순서) : 차례

집[广]에서 나[予]의 '차례'를 기다린다.

어떻게 쓰나요

丶 亠 广 户 庐 庐 序

序	序	序				

096

仙
신선 선

- 부수 _ 亻(人)(사람인변) | ◆ 총획 _ 5 | 비 _ 休(휴), 件(건)

+ 神仙(신선) : 선도(仙道)를 닦아 신통력을 얻은 사람
+ 仙女(선녀) : 여자 신선
+ 仙人(선인) : 신통력을 가진 사람

사람[亻]이 산[山] 속에 들어가 '신선'이 되었다.

어떻게 쓰나요

丿 亻 仃 仙 仙

仙	仙	仙				

067

善 착할 선

- 부수 _ 口(입구) | ◆ 총획 _ 12 | 반 _ 惡(악)
- 善男善女(선남선녀) : 착하고 어진 사람들
- 善德(선덕) : 훌륭한 덕
- 善惡(선악) : 착하고 악함

양[羊]처럼 온순하고 부드럽게 말[口]하는 사람은 '착하다'.

丶 丷 丱 丷 羊 羊 羔 盖 善 善 善

善 善 善

068

選 가릴 선

- 부수 _ 辶(辵)(책받침) | ◆ 총획 _ 16
- 選手(선수) : 대표로 뽑힌 사람
- 選用(선용) : 골라서 씀
- 選出(선출) : 여럿 중에서 골라냄

무릎[민]과 무릎[민]을 스치며 함께[共] 가서[辶] 좋고 나쁨을 '가린다'.

㇐ ㇋ ㇗ 卩 卩 卩 卯 留 留 巽 巽 選 選 選

選 選 選

船 배 선

- ◆ 부수 _ 舟(배주) | ◆ 총획 _ 11
- ✚ 船客(선객) : 배의 승객
- ✚ 船橋(선교) : 배다리
- ✚ 船上(선상) : 배 위

한 배[舟]에 여덟[八] 식구[口]가 타고, 하인이 '배'를 젓는다.

′ ノ 刀 刀 舟 舟 舟 舡 船 船 船

船 船 船

鮮 고울 선

- ◆ 부수 _ 魚(물고기어) | ◆ 총획 _ 17
- ✚ 鮮度(선도) : 신선한 정도
- ✚ 鮮明(선명) : 산뜻하고 밝음
- ✚ 鮮魚(선어) : 신선한 물고기

물고기[魚]와 양[羊]의 빛깔이 참 '곱다'.

′ ⺈ ⺈ 冬 各 角 甪 甪 魚 魚 魚 魚 鮮 鮮 鮮 鮮

鮮 鮮 鮮

117

기초다지기 5

1 다음 가로와 세로를 이용하여 퍼즐의 답을 漢字(한자)로 써넣으세요.

 가로

① 비용 (어떤 일을 하는 데 드는 돈)
② 빙수 (얼음과 물. 차디찬 물)
③ 대상 (상 중에서 으뜸상)

 세로

① 경비 (어떤 일을 하는 데 드는 비용)
② 결빙 (물이 얼어붙음)
③ 상금 (상으로 주는 돈)

2 다음 독음에 알맞은 漢字(한자)를 빈칸에 써넣으세요.

(1) 선악 [ ] 惡　　(4) 비중 [ ] 重

(2) 산모 [ ] 母　　(5) 출사 出 [ ]

(3) 비음 [ ] 音　　(6) 상품 [ ] 品

3 다음에서 서로 어울리는 漢字(한자)와 訓(훈), 音(음)을 묶으세요.

史　　차례　　序

사　　서　　선

사기　　選　　가릴

실전문제 5

1 다음 漢字(한자)의 訓(훈)과 音(음)을 바르게 연결하세요.

(1) 氷山

(2) 賞金

(3) 思考

(4) 仙女

(5) 無價

(6) 商店

(7) 比等

(8) 寫本

2 다음 漢字(한자)의 訓(훈)과 音(음)을 쓰세요.

(9) 鼻

(10) 費

(11) 査

(12) 産

(13) 仕

(14) 船

3 다음 문장의 밑줄 친 한자어를 漢字(한자)로 쓰세요.

(15) 이 회사의 <u>상품</u>은 품질도 좋고 값도 싸다.　　　(　　　　　)

(16) 버스 탈 때에는 차례차례 <u>순서</u>를 지켜야 한다.　　(　　　　　)

(17) 영희는 피아노 콩쿠르에 나가 <u>대상</u>을 받았습니다. (　　　　　)

(18) 서류의 <u>사본</u>은 잊어버리지 마세요.　　　　　　　(　　　　　)

(19) 그녀는 <u>이목구비</u>가 뚜렷하다.　　　　　　　　　　(　　　　　)

4 다음 訓(훈)과 音(음)에 맞는 漢字(한자)를 쓰세요.

(20) 생각 사   (21) 선비 사   (22) 신선 선

(23) 얼음 빙   (24) 조사할 사   (25) 가릴 선

5 다음 뜻풀이에 맞는 漢字語(한자어)를 〈보기〉에서 찾아 그 번호를 쓰세요.

〈보기〉	①相關	②船客	③選手
	④相見	⑤船橋	⑥選出

(26) 배의 승객   (   )

(27) 대표로 뽑힌 사람   (   )

(28) 서로 관련이 있음   (   )

6 다음 漢字(한자)의 ㉠획은 몇 번째에 쓰는지 〈보기〉에서 찾아 그 번호를 쓰세요.

〈보기〉	①네 번째	②다섯 번째	③여섯 번째
	④일곱 번째	⑤여덟 번째	⑥아홉 번째

(29) 仕㉠   (30) 鮮㉠

(   )   (   )

101 說 — 말씀 설 / 달랠 세

- 부수 _ 言(말씀언) | ◆ 총획 _ 14
- 說教(설교) : 종교의 교리를 강의하는 일
- 說明(설명) : 풀이하여 밝힘
- 說服(설복) : 알아듣도록 말하여 수긍하게 함

말[言]을 잘 들으라고 형님[兄]이 여덟[八] 번이나 '말씀'으로 '달랜다'.

어떻게 쓰나요

`、 二 言 言 言 言 言 訁 訁 訁 訁 訁 說 說`

說 說 說

102 性 — 성품 성

- 부수 _ 忄(心)(심방변) | ◆ 총획 _ 8
- 性格(성격) : 사람마다의 특유의 성질
- 性急(성급) : 성질이 급함
- 性別(성별) : 남녀의 구별

사람이 태어날[生] 때 가지고 나온 마음[忄]이 곧 '성품'.

어떻게 쓰나요

`、 ㅏ 忄 忄 忄 忄 性 性`

性 性 性

洗 씻을 세

- 부수 _ 氵(水)(삼수변) | ◆ 총획 _ 9
- 洗面(세면) : 얼굴을 씻음. 세수
- 洗手(세수) : 손이나 얼굴을 씻음. 세면
- 洗車(세차) : 차를 닦음

일어나면 먼저[先] 물[氵]로 '씻는다'.

`丶 丶 氵 氵 沪 泮 洴 洗 洗`

洗	洗	洗					

歲 해 세

- 부수 _ 止(그칠지) | ◆ 총획 _ 13 | ◆ 속 _ 歳 | ◆ 동 _ 年(년)
- 歲月(세월) : 흘러가는 시간
- 年歲(연세) : '나이'의 높임말
- 萬歲(만세) : 오랜 세월. 영원히 삶

작은[小] 개[戌]는 출입을 금하니[止], 몇 '해' 더 기다리세요.

`丨 丨 止 止 广 庐 芦 芹 芹 芹 歲 歲 歲`

歲	歲	歲					

105

束
묶을 속

- 부수 _ 木(나무목) | ◆ 총획 _ 7 | 동 _ 結(결), 約(약)

+ 約束(약속) : 미리 정해 놓고 서로 어기지 않도록 다짐함
+ 結束(결속) : 뜻이 같은 사람끼리 하나로 뭉침
+ 團束(단속) : 주의를 기울여 다잡거나 보살핌

나무[木]를 사방으로[口] 에워싸 움직이지 못하게
'묶는다'.

一 ㄱ ㄲ 戸 束 束 束

束 束 束

106

首
머리 수

- 부수 _ 首(머리수) | ◆ 총획 _ 9 | 동 _ 頭(두)

+ 首都(수도) : 서울
+ 首領(수령) : 우두머리
+ 首相(수상) : 내각의 우두머리

머리[亠]를 하나[丶]로 질끈 묶고 스스로[自]
'우두머리' 라 한다.

丶 丷 丄 丷 产 首 首 首 首

首 首 首

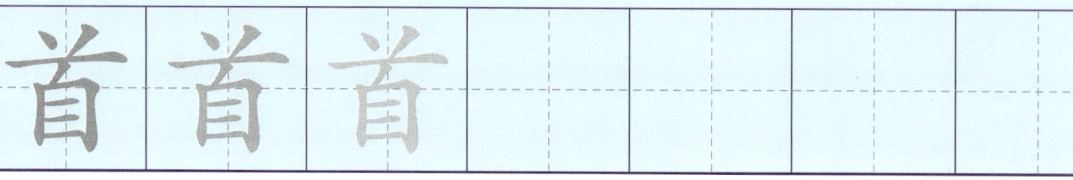

- 부수 _ 宀(갓머리) | ◆ 총획 _ 11
- 宿命(숙명) : 날 때부터 정해진 운명
- 宿病(숙병) : 오래된 병
- 宿食(숙식) : 자고 먹는 일

잘 숙/별자리 수

그 집[宀]은 커서 백[百] 명의 사람[亻]이 '별자리'를 보며 '잘' 수 있다.

` ` 宀 宀 宀 宀 宿 宿 宿 宿

宿 宿 宿

- 부수 _ 頁(머리혈) | ◆ 총획 _ 12
- 順理(순리) : 도리를 따름
- 順序(순서) : 정해져 있는 차례
- 順風(순풍) : 순하게 부는 바람

순할 순

냇물[川]이 흐르듯 우두머리[頁]의 명령에 '순하게' 복종한다.

丿 丿 川 川 川 川 順 順 順 順 順 順

順 順 順

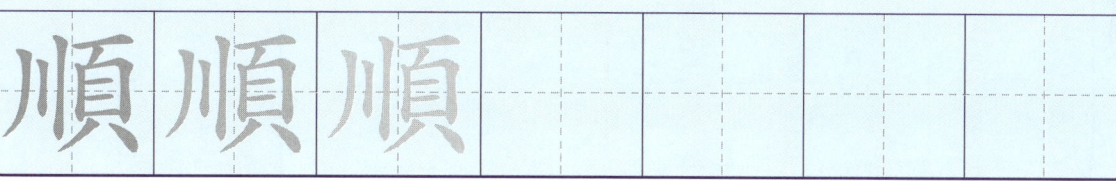

示 보일 시

- 부수 _ 示(보일시) | 총획 _ 5 | 비 _ 福(복), 神(신) | 동 _ 見(견), 觀(관)
- 示現(시현) : 나타내 보임
- 告示(고시) : 일반에게 널리 알림
- 公示(공시) : 공개적으로 알림

두(二) 무덤 앞에 작은(小) 제물을 올려 조상에게 '보인다'.

一 二 亍 亍 示

示 示 示

識 알 식 / 기록할 지

- 부수 _ 言(말씀언) | 총획 _ 19 | 동 _ 知(지)
- 識見(식견) : 사물을 식별하고 관찰하는 능력
- 識別(식별) : 알아서 분별함
- 識者(식자) : 견식이 있는 사람

말[言]과 소리[音]로 창[戈] 다루는 법을 '알아' 내서 '기록한다'.

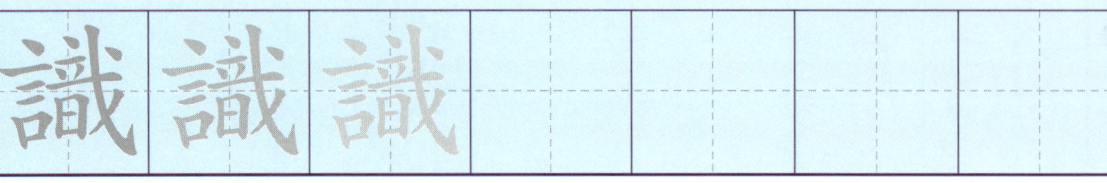

識 識 識

臣 신하 신

- ◆ 부수 _ 臣(신하신) | ◆ 총획 _ 6 | ◆ 반 _ 王(왕) 主(주)

- ✚ 家臣(가신) : 봉건 시대에 공경대부의 집에 딸려 그들을 섬기던 사람
- ✚ 臣下(신하) : 임금을 섬기는 벼슬자리에 있는 모든 사람
- ✚ 臣民(신민) : 신하와 백성

'신하'가 허리를 구부리고 앉은 모양을 본뜬 글자.

一 丁 チ 五 臣 臣

臣 臣 臣

實 열매 실

- ◆ 부수 _ 宀(갓머리) | ◆ 총획 _ 14 | ◆ 속 _ 実 | ◆ 동 _ 果(과)

- ✚ 實感(실감) : 실제로 체험한 듯한 느낌
- ✚ 實力(실력) : 실제의 역량
- ✚ 實利(실리) : 실제로 얻은 이익

집[宀]에 재물[貝]이 없어[毋] '열매'를 꿰어 달았다.

丶 丶 宀 宀 宀 宀 宙 實 實 實 實 實 實

實 實 實

兒 아이 아

- ◆ 부수 _ 儿(어진사람인발) | ◆ 총획 _ 8 | ◆ 속 _ 児
- ◆ 비 _ 元(원), 兄(형), 先(선) | ◆ 동 _ 童(동)

+ 兒女子(아녀자) : 어린아이와 여자
+ 兒名(아명) : 어릴 때 부르는 이름
+ 健兒(건아) : 씩씩하고 굳센 사나이

머리가 절구[臼]처럼 큰 사람[儿]은 '아이'.

` ´ ⺅ ⺊ 臼 臼 臼 兒

兒 兒 兒

惡 악할 악 / 미워할 오

- ◆ 부수 _ 心(마음심) | ◆ 총획 _ 12 | ◆ 속 _ 悪 | ◆ 반 _ 善(선), 愛(애)

+ 惡氣(악기) : 사람에게 해를 주는 독기
+ 惡德(악덕) : 도덕에 어긋나는 나쁜 일
+ 善惡(선악) : 착함과 악함

산적에 버금[亞]가는 마음[心]은 '악하고' '미워하는' 마음.

一 丁 丌 丏 襾 襾 襾 亞 亞 惡 惡 惡

惡 惡 惡

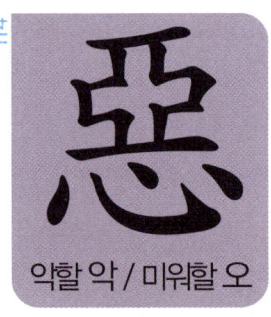
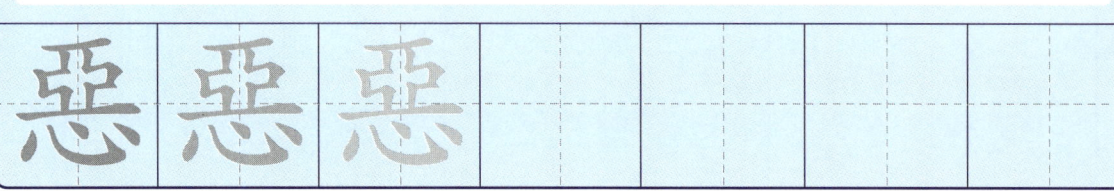

案 책상 안

- ◆ 부수 _ 木(나무목) | ◆ 총획 _ 10
- ✛ 案內(안내) : 인도하여 내용을 알려 주는 일, 또는 그 사람
- ✛ 考案(고안) : 새로운 방법이나 물건을 연구하여 생각해 냄
- ✛ 案件(안건) : 조사하거나 논의할 사항

편안하게[安] 글을 읽을 수 있도록 만든 나무[木] '책상'.

어떻게 쓰나요

丶 丶 宀 宁 宊 安 安 宯 宯 案

案 案 案

約 맺을 약

- ◆ 부수 _ 糸(실사) | ◆ 총획 _ 9 | ◆ 비 _ 的(적) | ◆ 동 _ 結(결), 束(속)
- ✛ 約分(약분) : 분수를 공약수로 나누어 간단하게 하는 일
- ✛ 約束(약속) : 서로 의견을 맞추어 정함
- ✛ 約定(약정) : 약속하여 정함

실[糸] 하나[丶]로 단단히 싸듯[勹], 약속도 굳게 '맺어야' 한다.

어떻게 쓰나요

丿 幺 幺 幺 糸 糸 糸 紗 約 約

約 約 約

養 기를 양

- 부수 _ 食(밥식) | ◆ 총획 _ 15 | 동 _ 育(육)
- 養老(양로) : 노인을 돌봐 안락하게 지내도록 함
- 養母(양모) : 길러 준 수양어머니
- 養女(양녀) : 수양딸

양[羊]을 잘 먹여[食] '기르다'.

`  ゛ ゛ ゛ ソ 半 羊 芏 美 羔 养 养 養 養 養`

養 養 養

魚 물고기 어

- 부수 _ 魚(물고기어) | ◆ 총획 _ 11
- 魚類(어류) : 아가미로 호흡하고 부레로 헤엄치는 척추동물의 총칭
- 魚物(어물) : 가공하여 말린 해산물
- 魚族(어족) : 물고기의 종족

'물고기'의 입과 몸과 지느러미 모양을 본뜬 모양

`ノ ク ク 各 各 角 角 魚 魚 魚 魚`

魚 魚 魚

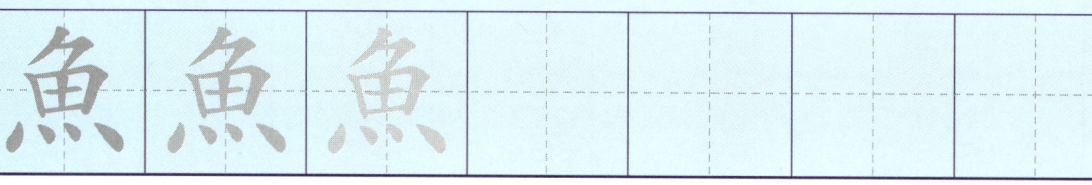

고기잡을 어

- 부수 _ 氵(水)(삼수변) | - 총획 _ 14

+ 漁村(어촌) : 어부들이 모여 사는 바닷가의 마을
+ 漁具(어구) : 고기잡이에 쓰는 기구
+ 漁夫(어부) : 고기잡이를 업으로 하는 사람

물[氵]속에서 물고기[魚]를 건져 올려서 '고기 잡는' 어부.

어떻게 쓰나요

丶 丶 冫 氵 氵 氵 汒 治 治 漁 漁 漁 漁 漁

漁 漁 漁

억 억

- 부수 _ 亻(人)(사람인변) | - 총획 _ 15

+ 億萬(억만) : 셀 수 없을 만큼 많은 수효
+ 億萬長者(억만장자) : 재산이 아주 많은 부자
+ 數億(수억) : 몇 억

사람[亻]이 뜻[意]을 모으면 수 '억' 의 일도 할 수 있다.

어떻게 쓰나요

丿 亻 亻 亻 广 广 倅 倅 倅 倍 倍 億 億 億

億 億 億

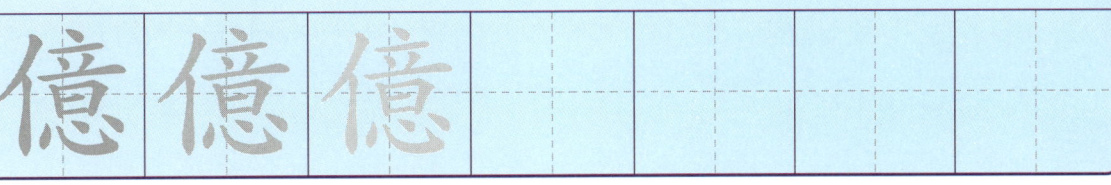

기초다지기 6

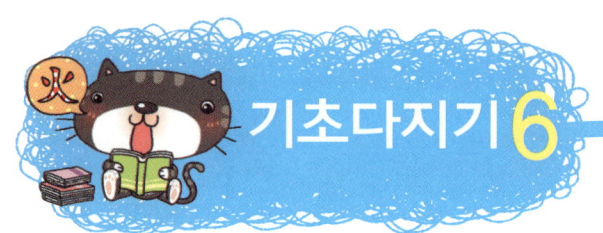

1 다음 가로와 세로를 이용하여 퍼즐의 답을 漢字(한자)로 써넣으세요.

①	①		
③		②	②
③			

가로

① 선악 (착함과 악함)
② 만세 (오랜 세월. 영원히 삶)
③ 시현 (나타내 보임)

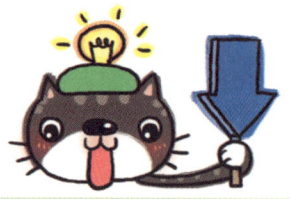

세로

① 악덕 (도덕에 어긋나는 나쁜 일)
② 세월 (흘러가는 시간)
③ 공시 (공개적으로 알림)

2 다음 독음에 알맞은 漢字(한자)를 빈칸에 써넣으세요.

(1) 단속 團 ☐   (4) 건아 健 ☐

(2) 실력 ☐ 力   (5) 어류 ☐ 類

(3) 악덕 ☐ 德   (6) 설명 ☐ 明

3 다음에서 서로 어울리는 漢字(한자)와 訓(훈), 音(음)을 묶으세요.

실   열매   억

實   洗   億

씻을   세   억

실전문제 6

1 다음 漢字(한자)의 訓(훈)과 音(음)을 바르게 연결하세요.

(1) 洗面

(2) 說敎

(3) 結束

(4) 宿命

(5) 順理

(6) 漁夫

(7) 案件

(8) 歲月

2 다음 漢字(한자)의 訓(훈)과 音(음)을 쓰세요.

(9) 說

(10) 示

(11) 兒

(12) 億

(13) 養

(14) 識

3 다음 문장의 밑줄 친 한자어를 漢字(한자)로 쓰세요.

(15) 억만장자라고 행복한 것은 아니다. (　　　　)

(16) 막냇동생을 김씨 집의 양녀로 보냈다. (　　　　)

(17) 쌍둥이는 식별하기 어렵다. (　　　　)

(18) 나는 성격이 급한 편이다. (　　　　)

(19) 아침에 일어나면 세수하고 양치질을 한다. (　　　　)

4 다음 訓(훈)과 音(음)에 맞는 漢字(한자)를 쓰세요.

(20) 고기잡을 어   (21) 신하 신   (22) 묶을 속

(23) 맺을 약   (24) 열매 실   (25) 해 세

5 다음 뜻풀이에 맞는 漢字語(한자어)를 〈보기〉에서 찾아 그 번호를 쓰세요.

〈보기〉	① 案內	② 宿命	③ 識見
	④ 考案	⑤ 宿病	⑥ 識者

(26) 새로운 방법이나 물건을 연구하고 생각해 냄   (   )

(27) 오래된 병   (   )

(28) 사물을 식별하고 관찰하는 능력   (   )

6 다음 漢字(한자)의 ㉠획은 몇 번째에 쓰는지 〈보기〉에서 찾아 그 번호를 쓰세요.

〈보기〉	① 첫 번째	② 두 번째	③ 세 번째
	④ 네 번째	⑤ 다섯 번째	⑥ 여섯 번째

(29) 洗   (   )   (30) 億   (   )

熱 더울 열

- 부수 _ 灬(火)(연화발) | ◆ 총획 _ 15 | ◆ 반 _ 冷(랭), 寒(한)
- 熱心(열심) : 어떤 일에 골똘하게 마음을 쏟음
- 熱氣(열기) : 뜨거운 기운
- 熱望(열망) : 진심으로 원함

여덟[八] 개의 흙덩이[土土]로 둥글게[丸] 만든 아궁이 앞은 불[灬]이 있어 '덥다'.

一 十 土 뇨 놋 촛 춫 奉 執 執 執 執 執 熱 熱 熱

熱 熱 熱

葉 잎 엽

- 부수 _ 艹(艸)(초두머리) | ◆ 총획 _ 13
- 葉書(엽서) : '우편엽서'의 준말
- 落葉(낙엽) : 떨어진 잎
- 竹葉(죽엽) : 대나무의 잎   竹 대나무 죽

세상[世]의 모든 풀[艹]과 나무[木]에는 '잎'이 있다.

一 十 十 艹 끅 꾸 苹 苹 苹 苹 葟 葉 葉

葉 葉 葉

123 屋 집 옥

- ◆ 부수 _ 尸(주검시) | ◆ 총획 _ 9 | ◆ 비 _ 展(전)
- ◆ 동 _ 家(가), 堂(당), 室(실), 院(원), 宅(택/댁)

+ 草屋(초옥) : 갈대나 짚 따위로 지붕을 인 집
+ 屋上(옥상) : 지붕 위
+ 社屋(사옥) : 회사 건물

시체[尸]가 영원히 머무는[至] 관도 '집' 이다.

ㄱ コ 尸 尸 尻 居 屋 屋 屋

屋 屋 屋

124 完 완전할 완

- ◆ 부수 _ 宀(갓머리) | ◆ 총획 _ 7 | ◆ 비 _ 元(원), 院(원) | ◆ 동 _ 全(전)

+ 完決(완결) : 완전히 결정함
+ 完結(완결) : 완전히 끝을 맺음
+ 完全(완전) : 부족함이나 결점이 없음

집[宀]을 세상에서 으뜸[元]으로 지었으니 '완전하다'.

丶 宀 宀 宀 完 完 完

完 完 完

125 曜 빛날 요

- 부수 _ 日(날일) | ◆ 총획 _ 18
- 日曜日(일요일) : 칠요일의 첫째 날
- 七曜日(칠요일) : 월, 화, 수, 목, 금, 토, 일의 일곱 요일
- 曜日(요일) : 한 주일의 각 날

햇빛[日]에 새[隹]의 깃털[羽]이 '빛난다'.

| 丨 | 冂 | 冂 | 日 | 日丶 | 日ㄱ | 日ㅋ | 日ㅋ丶 | 日ㅋㅋ | 日ㅋㅋ | 旺 | 旺 | 旺 | 曜 | 曜 | 曜 |

| 曜 | 曜 | 曜 | | | | | |

126 要 요긴할 요

- 부수 _ 襾(덮을아) | ◆ 총획 _ 9
- 要件(요건) : 필요한 조건
- 要領(요령) : 사물의 요긴하고 으뜸되는 점, 또는 그 줄거리
- 主要(주요) : 주되고 중요함

여자[女]가 잘 덮어[襾] 보관한 물건은 '요긴하게' 쓰인다.

| 一 | 丆 | 戸 | 襾 | 襾 | 襾 | 要 | 要 | 要 |

| 要 | 要 | 要 | | | | | |

138 한자박사 5급

浴 목욕할 욕

◆ 부수 _ 氵(水)(삼수변) | ◆ 총획 _ 10

+ 浴室(욕실) : 목욕하는 방
+ 入浴(입욕) : 탕에 들어감
+ 溫浴(온욕) : 따뜻한 물로 하는 목욕

계곡[谷]의 물[氵]에 들어가 '목욕한다'.

`丶 氵 氵 氵 氵 汐 浴 浴 浴 浴`

浴 浴 浴

友 벗 우

◆ 부수 _ 又(또우) | ◆ 총획 _ 4

+ 友愛(우애) : 형제나 친구 사이의 정과 사랑
+ 友人(우인) : 친구
+ 友情(우정) : 친구 사이의 정

한[一] 사람[丿] 또[又] 한 사람 손을 잡고 서로 악수하는 '벗'.

`一 ナ 方 友`

友 友 友

129 牛 소 우

- ◆ 부수 _ 牛(소우) | ◆ 총획 _ 4 | 비 _ 午(오)

+ 牛角(우각) : 소의 뿔
+ 牛車(우차) : 소가 끄는 짐수레
+ 韓牛(한우) : 한국 소

'소'의 머리 부분을 본뜬 글자.

` ノ ト ニ 牛 `

牛 牛 牛

---

130 雨 비 우

- ◆ 부수 _ 雨(비우) | ◆ 총획 _ 8 | 비 _ 雪(설), 電(전)

+ 雨期(우기) : 일년 중에서 비가 계속해서 많이 내리는 시기
+ 雨量(우량) : 비가 내린 양
+ 雨衣(우의) : 비올 때 덧입는 겉옷

구름에서 내려오는 물방울인 '비'의 모습을 본뜬 글자.

` 一 丆 丆 丙 兩 雨 雨 雨 `

雨 雨 雨

雲
구름 운

- 부수 _ 雨(비우) | ◆ 총획 _ 12
- 雲雨(운우) : 구름과 비
- 雲集(운집) : 구름같이 모여듦
- 風雲(풍운) : 바람과 구름

비[雨]가 올 것이라고 말[云]하자마자 '구름'이 잔뜩 모였다.

一 厂 戶 币 而 雨 雫 雫 雲 雲 雲 雲

雲 雲 雲

雄
수컷, 뛰어날 웅

- 부수 _ 隹(새추) | ◆ 총획 _ 12
- 雄健(웅건) : 씩씩하고 건장함
- 雄大(웅대) : 웅장하고 큼
- 英雄(영웅) : 재능과 지혜가 특별히 뛰어난 인물

내[厶]가 가진 열[十] 마리의 새[隹]는 모두 '수컷'이며 '뛰어나다'.

一 ナ 左 左 太 太 太 太 太 雄 雄 雄

雄 雄 雄

141

元 으뜸 원

- ◆ 부수 _ 儿(어진사람인발) | ◆ 총획 _ 4 | 비 _ 完(완)

+ 元氣(원기) : 만물의 근본이 되는 힘
+ 元年(원년) : 임금이 즉위하거나 연호를 정한 첫 해
+ 元老(원로) : 나라에 공이 많은 늙은 신하

하늘과 땅 둘[二]보다 사람[儿]이 '으뜸'이다.

어떻게 쓰나요

一 二 テ 元

元 元 元

院 집 원

- ◆ 부수 _ 阝(阜)(좌부변) | ◆ 총획 _ 10

+ 院生(원생) : '원' 자가 붙은 기관의 학생
+ 法院(법원) : 재판하는 권한을 가진 국가 기관
+ 病院(병원) : 병자나 부상자를 진찰하고 치료하는 곳

언덕[阝] 위에 완전[完]하게 지어진 '집'.

어떻게 쓰나요

' 3 阝 阝 阝 阡 陀 院 院 院

院 院 院

原 근원 원

- 부수 _ 厂(민엄호) | ◆ 총획 _ 10

+ 原動力(원동력) : 사물의 운동을 일으키는 근본적인 힘
+ 原理(원리) : 사물의 근본이 되는 법칙이나 진리
+ 原來(원래) : 처음부터

작은[小] 바위[厂] 아래 흰[白] 물이 솟아나기 시작하는 샘의 **'근원'**.

一 厂 厂 厂 厉 厉 庐 原 原 原

原 原 原

願 원할 원

- 부수 _ 頁(머리혈) | ◆ 총획 _ 19 | ◆ 동 _ 望(망)

+ 願望(원망) : 원하고 바람
+ 念願(염원) : 늘 생각하고 간절히 바람
+ 所願(소원) : 바라는 바

아이의 머리[頁]를 쓰다듬으며, 근본[原]이 바르게 자라기를 **'원한다'**.

一 厂 厂 厂 厉 厉 庐 原 原 原 原 原 原 願 願 願 願 願

願 願 願

143

位 자리 위

- 부수 _ 亻(人)(사람인변) | ◆ 총획 _ 7 | ◆ 동 _ 席(석)
- 方位(방위) : 동서남북을 기준으로 정한 방향
- 品位(품위) : 사람이나 물건이 지닌 좋은 인상
- 高位(고위) : 높은 지위

사람[亻]이 서[立] 있는 '자리'.

ノ	亻	亻`	亻广	亻̀	位	位
位	位	位				

偉 클 위

- 부수 _ 亻(人)(사람인변) | ◆ 총획 _ 11 | ◆ 반 _ 小(소) | ◆ 동 _ 大(대), 太(태)
- 偉大(위대) : 업적이 크게 뛰어나고 훌륭함
- 偉業(위업) : 위대한 사업이나 업적
- 偉人(위인) : 위대한 일을 한 사람

가죽[韋] 옷을 입은 사람[亻]의 키가 참 '크다'.

ノ	亻	亻'	亻"	伊	伊	偉	偉	偉	偉
偉	偉	偉							

以 써 이

- 부수 _ 人(사람인) | ◆ 총획 _ 5
- 以心傳心(이심전심) : 마음에서 마음으로 전함
- 以南(이남) : 어떤 기준보다 남쪽
- 以外(이외) : 이 밖

내[厶] 욕심에 사람[人]으로서의 한계를 넘으면 매로 '써' 다스려야 한다.

ㅣ 丶 レ 以 以

以 以 以

耳 귀 이

- 부수 _ 耳(귀이) | ◆ 총획 _ 6
- 耳目口鼻(이목구비) : 귀, 눈, 입, 코. 얼굴의 생김새
- 馬耳東風(마이동풍) : 남의 의견이나 충고를 귀담아듣지 않고 흘려버림을 이르는 말
- 耳順(이순) : 나이 60세를 이르는 말

'귀'의 모양을 본뜬 글자.

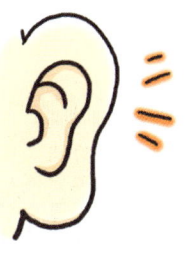

一 丅 下 下 耳 耳

耳 耳 耳

기초다지기 7

1 다음 가로와 세로를 이용하여 퍼즐의 답을 漢字(한자)로 써넣으세요.

 가로

① 낙엽 (떨어진 잎)
② 요건 (필요한 조건)
③ 온욕 (따뜻한 물로 하는 목욕)

 세로

① 엽서 ('우편엽서'의 준말)
② 주요 (주되고 중요함)
③ 입욕 (탕에 들어감)

2 다음 독음에 알맞은 漢字(한자)를 빈칸에 써넣으세요.

(1) 우각 ☐ 角

(2) 사옥 社 ☐

(3) 우정 ☐ 情

(4) 풍운 風 ☐

(5) 소원 所 ☐

(6) 이외 ☐ 外

3 다음에서 서로 어울리는 漢字(한자)와 訓(훈), 音(음)을 묶으세요.

요긴할   원   屋

要   原   옥

요   근원   집

실전문제 7

1 다음 漢字(한자)의 訓(훈)과 音(음)을 바르게 연결하세요.

(1) 完結
(2) 浴室
(3) 友愛
(4) 偉大
(5) 願望
(6) 雄健
(7) 原來
(8) 高位

2 다음 漢字(한자)의 訓(훈)과 音(음)을 쓰세요.

(9) 以
(10) 雲
(11) 葉
(12) 院
(13) 要
(14) 元

3 다음 문장의 밑줄 친 한자어를 漢字(한자)로 쓰세요.

(15) 영희네 가족은 매주 일요일 교회에 간다. (   )

(16) 자꾸 하다 보면 요령이 생긴다. (   )

(17) 나는 쏟아지는 비를 피해 재빨리 우의를 입었다. (   )

(18) 형제 간의 우애가 돈독한다. (   )

(19) 아버지께서 바람에 떨어진 낙엽을 쓸고 계십니다. (   )

4 다음 訓(훈)과 音(음)에 맞는 漢字(한자)를 쓰세요.

(20) 더울 열	(21) 귀 이	(22) 근원 원

(23) 수컷, 뛰어날 웅	(24) 클 위	(25) 소 우

5 다음 뜻풀이에 맞는 漢字語(한자어)를 〈보기〉에서 찾아 그 번호를 쓰세요.

〈보기〉	① 雲集	② 元氣	③ 方位
	④ 雲雨	⑤ 元年	⑥ 品位

(26) 동서남북을 기준으로 정한 방향   (   )

(27) 구름같이 모여듦   (   )

(28) 사람이나 물건이 지닌 좋은 인상   (   )

6 다음 漢字(한자)의 ㉠획은 몇 번째에 쓰는지 〈보기〉에서 찾아 그 번호를 쓰세요.

〈보기〉	① 첫 번째	② 두 번째	③ 세 번째
	④ 네 번째	⑤ 다섯 번째	⑥ 여섯 번째

(29) 熱   (   )

(30) 院   (   )

因 인할 인

- 부수 _ 口(큰입구몸) | ◆ 총획 _ 6 | 반 _ 果(과)
- 因果(인과) : 원인과 결과
- 因習(인습) : 이전부터 내려오는, 몸에 익은 관습
- 敗因(패인) : 실패한 원인

큰[大] 울타리[口] 로 '인해' 안전하다.

| 丨 | 冂 | 冃 | 用 | 困 | 因 |

因 因 因

任 맡길 임

- 부수 _ 亻(人)(사람인변) | ◆ 총획 _ 6
- 任命(임명) : 지위나 임무를 맡김
- 任用(임용) : 임무를 부여하여 부림
- 放任(방임) : 되는대로 내버려 둠

사람[亻]에게 짐을 짊어지게[壬] '맡긴다'.

| 丿 | 亻 | 亻 | 亻 | 任 | 任 |

任 任 任

再 두 재

- ◆ 부수 _ 冂(멀경몸) | ◆ 총획 _ 6 | ◆ 동 _ 二(이)
- ✚ 再建(재건) : 다시 일으켜 세움
- ✚ 再考(재고) : 다시 자세하게 생각함
- ✚ 再會(재회) : 다시 만남

성[冂] 하나[一]를 흙[土]으로 '두' 번씩 쌓아서 만들었다.

一 丆 丌 円 再 再

材 재목 재

- ◆ 부수 _ 木(나무목) | ◆ 총획 _ 7
- ✚ 材料(재료) : 물건을 만드는 감
- ✚ 材木(재목) : 건축이나 기구를 만드는 데 재료가 되는 나무
- ✚ 敎材(교재) : 교수 및 학습에 쓰이는 재료

나무[木]에 재주[才]를 부려 '재목' 으로 만들다.

一 十 才 木 木 村 材

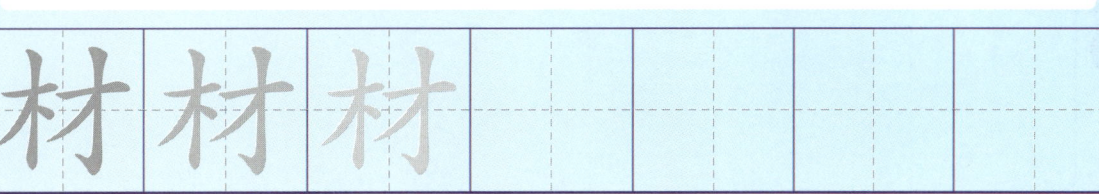

151

財 재물 재

- 부수 _ 貝(조개패) | ◆ 총획 _ 10
- 財界(재계) : 실업가나 금융업자의 사회
- 財團(재단) : 어떤 목적을 위하여 결합된 재산의 집합
- 財物(재물) : 돈이나 물품

돈[貝]을 가지고 재주[才]를 부려 모은 '재물'.

어떻게 쓰나요

丨 冂 冃 月 目 貝 貝 貝 財 財

財 財 財

災 재앙 재

- 부수 _ 火(불화) | ◆ 총획 _ 7 | 반 _ 福(복)
- 災民(재민) : 재해를 당한 사람들
- 災害(재해) : 재앙으로 인하여 입은 해
- 水災(수재) : 물로 인한 재앙

냇물[巛]이 넘치고 불[火]이 나는 무서운 '재앙'.

어떻게 쓰나요

丶 巛 巛 巛 災 災

災 災 災

爭 다툴 쟁

- 부수 _ 爫(爪)(손톱조) | ◆ 총획 _ 8 | ◆ 속 _ 争 | ◆ 반 _ 和(화)
- 동 _ 競(경), 戰(전)

+ 競爭(경쟁) : 서로 앞서거나 이기려고 다툼
+ 戰爭(전쟁) : 국가와 국가 사이의 무력에 의한 투쟁
+ 爭名(쟁명) : 명성을 다툼

손톱[爫]으로 할퀴고 갈고리[亅]와 삽[크]을 들고 '다툰다'.

어떻게 쓰나요

` ´ ⺈ ⺈ ⺈ 乌 刍 刍 争 爭

爭 爭 爭

貯 쌓을 저

- 부수 _ 貝(조개패) | ◆ 총획 _ 12

+ 貯蓄(저축) : 절약하여 모아 둠   蓄 모을 축
+ 貯金(저금) : 돈을 모아 둠
+ 貯水(저수) : 물을 저장함

재물[貝]을 집[宀] 안 깊은 곳에 풍성하게[丁] '쌓아' 놓았다.

어떻게 쓰나요

丨 冂 冂 目 目 貝 貝 貝` 貯 貯 貯 貯

貯 貯 貯

153

的
과녁 적

◆ 부수 _ 白(흰백) | ◆ 총획 _ 8 | 비 _ 約(약)

+ 的當(적당) : 정도나 이치에 꼭 알맞고 마땅함
+ 的實(적실) : 틀림이 없음
+ 的中(적중) : 쏜 것이 목표물에 맞음

흰[白] 판의 둥근 원에 싸여[勹] 있는 점[丶]이 네가 맞혀야 할 '과녁' 이야.

어떻게 쓰나요

′ 亻 亻 白 白 白 的 的

的 的 的

赤
붉을 적

◆ 부수 _ 赤(붉을적) | ◆ 총획 _ 7

+ 赤字(적자) : 붉은빛의 글자. 지출이 수입보다 많은 일
+ 赤色(적색) : 붉은색
+ 赤手(적수) : 맨손

흙[土] 위에 불[火]이 타니 그 빛이 더욱 '붉다'.

어떻게 쓰나요

一 十 土 +́ 亣 赤 赤

赤 赤 赤

151

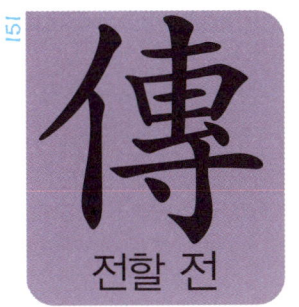

傳 전할 전

- ◆ 부수 _ 亻(人)(사람인변) | ◆ 총획 _ 13 | ◆ 속 _ 伝
- ✤ 傳記(전기) : 개인의 일생을 기록한 것
- ✤ 傳來(전래) : 전하여 내려옴
- ✤ 口傳(구전) : 말로 전해 옴

오로지[專] 사람[亻]만이 말로 '전한다'.

ノ 亻 亻 亻 伫 佢 伷 伷 値 傳 傳 傳

傳 傳 傳

152

典 법 전

- ◆ 부수 _ 八(여덟팔) | ◆ 총획 _ 8 | ◆ 동 _ 規(규), 度(도/탁), 例(례), 法(법), 式(식), 則(칙)
- ✤ 法典(법전) : 어떤 종류의 법규를 체계적으로 정리하여 엮은 책
- ✤ 典當(전당) : 물품을 담보로 하고 돈을 융통해 쓰는 일
- ✤ 古典(고전) : 옛날의 법식이나 의식

상 위에 책[冊]이 올려져 있는 모양을 본뜬 글자.

丨 冂 曰 由 曲 曲 典 典

典 典 典

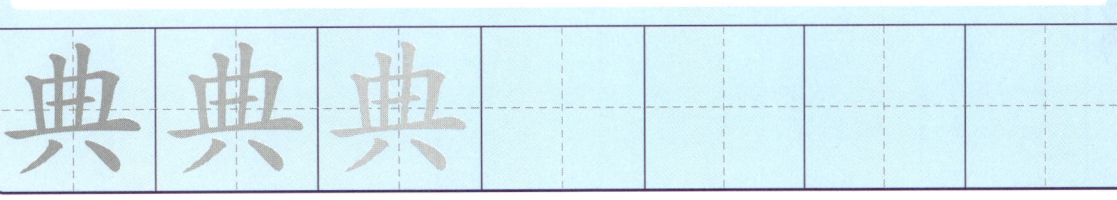

155

153

展
펼 전

◆ 부수 _ 尸(주검시) | ◆ 총획 _ 10 | 동 _ 發(발)

+ 展開(전개) : 점차 크게 펼쳐짐
+ 展望(전망) : 멀리 바라봄
+ 展示(전시) : 여러 가지 물건을 벌여 놓고 보임

시체[尸]에 옷[衣]을 입히고 화초[艹]로 장식하여
유리관에 잘 '펴서' '전시한다'.

ㄱ ㄱ 尸 尸 尸 屈 屈 屈 展 展

展 展 展

154

切
끊을 절 / 온통 체

◆ 부수 _ 刀(칼도) | ◆ 총획 _ 4

+ 切感(절감) : 절실하게 느낌
+ 一切(일절) : 결코, 전혀
+ 一切(일체) : 모든 것

일곱[七] 명의 의사가 칼[刀]을 들고 실을 '끊어'
수술을 하니 '온통' 피다.

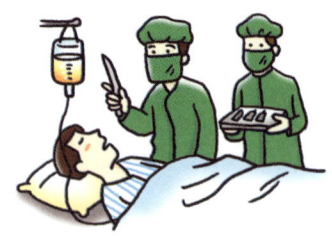

一 七 七刀 切

切 切 切

節 마디 절

◆ 부수 _ 竹(대나무죽) | ◆ 총획 _ 15 | ◆ 동 _ 寸(촌)

+ 節氣(절기) : 일 년을 24등분한 것 중의 하나
+ 節度(절도) : 말이나 행동의 적당한 정도
+ 節約(절약) : 아껴 씀

대나무[竹]를 흰[白] 비수[匕]로 잘라 증표[卩]로 만든 것이 손 한 '마디'만 하다.

` ｲ ｲ ｲ ｲｲ ｲｲ ｲｲ ｲｲ 竹 节 節 節 節 節 節

節 節 節

店 가게 점

◆ 부수 _ 广(엄호) | ◆ 총획 _ 8

+ 店員(점원) : 가게의 종업원
+ 店主(점주) : 가게의 주인
+ 開店(개점) : 가게를 엶

집[广]에서 점[占]을 쳐 '가게'를 열다.

` ｰ 广 广 庁 店 店 店

店 店 店

停 머무를 정

◆ 부수 _ 亻(人)(사람인변) | ◆ 총획 _ 11 | ◆ 동 _ 止(지)

+ 停車場(정거장) : 버스나 열차가 멈추는 역
+ 停年(정년) : 직장에서 퇴직하도록 정해진 나이
+ 停止(정지) : 중도에서 멈추거나 그침

사람[亻]이 정자[亭]에 잠시 '머무른다'.

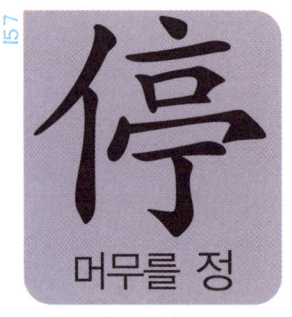

丿 亻 亻 亻 宀 俨 俨 俨 俨 停 停

停 停 停

情 뜻 정

◆ 부수 _ 忄(心)(심방변) | ◆ 총획 _ 11 | ◆ 속 _ 情 | ◆ 동 _ 意(의)

+ 情景(정경) : 정취와 경치
+ 情談(정담) : 다정한 이야기
+ 愛情(애정) : 사랑하는 마음

푸른[靑] 청춘들이 마음[忄]을 접하니 '뜻'이 통한다.

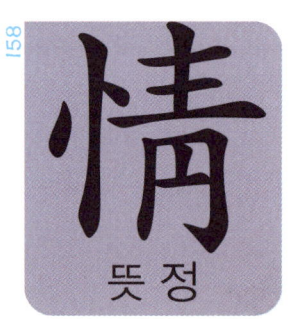

丶 丶 忄 忄 忄 忄 情 情 情 情 情

情 情 情

操 잡을 조

- 부수 _ 扌(手)(재방변) | ◆ 총획 _ 16 | 반 _ 放(방)
- 操作(조작) : 일정한 차례와 방식에 따라 하는 작업
- 操身(조신) : 몸가짐을 조심함
- 操心(조심) : 삼가 주의함

손[扌]으로 나무[木]의 질이 좋은 상품[品]을 냉큼 '잡는다'.

一 十 扌 扌' 扌" 护 护 押 捤 捤 捤 捤 操 操 操 操

操	操	操					

調 고를 조

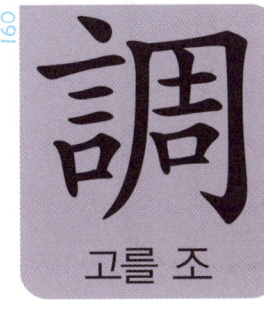

- 부수 _ 言(말씀언) | ◆ 총획 _ 15 | 비 _ 週(주) | 동 _ 和(화)
- 調査(조사) : 어떤 사물의 내용을 자세히 알기 위하여 찾아보거나 살펴봄
- 調理(조리) : 몸을 보살피고 병을 다스림
- 調心(조심) : 잘못하지 않도록 마음을 씀

사방에 두루[周] 말[言]을 전하니 모두가 '고르게' 안다.

丶 二 亠 言 言 言 訁 訂 訂 訓 調 調 調 調

調	調	調					

기초다지기 8

1 다음 가로와 세로를 이용하여 퍼즐의 답을 漢字(한자)로 써넣으세요.

 가로

① 개점 (가게를 엶)
② 전쟁 (국가와 국가 사이의 무력에 의한 투쟁)
③ 재료 (물건을 만드는 감)

 세로

① 점원 (가게의 종업원)
② 경쟁 (서로 앞서거나 이기도록 다툼)
③ 교재 (교수 및 학습에 쓰이는 재료)

2 다음 독음에 알맞은 漢字(한자)를 빈칸에 써넣으세요.

(1) 수재　水 ☐　　(4) 조작　☐ 作

(2) 적색　☐ 色　　(5) 정지　☐ 止

(3) 전기　☐ 記　　(6) 적당　☐ 當

3 다음에서 서로 어울리는 漢字(한자)와 訓(훈), 音(음)을 묶으세요.

- 인할
- 因
- 과녁
- 인
- 쌓을
- 的
- 저
- 貯
- 적

실전문제 8

1 다음 漢字(한자)의 訓(훈)과 音(음)을 바르게 연결하세요.

(1) 因果
(2) 材料
(3) 貯金
(4) 災民
(5) 典當
(6) 切感
(7) 操心
(8) 店員

2 다음 漢字(한자)의 訓(훈)과 音(음)을 쓰세요.

(9) 調
(10) 停
(11) 財
(12) 任
(13) 災
(14) 傳

3 다음 문장의 밑줄 친 한자어를 漢字(한자)로 쓰세요.

(15) 화살이 과녁을 <u>적중</u>했다. (　　　　　)

(16) 은행에 돈을 <u>저축</u>하다. (　　　　　)

(17) 박물관에 고대의 유물이 <u>전시</u>되어 있다. (　　　　　)

(18) 계단이 미끄러우니 <u>조심</u>해서 내려와라! (　　　　　)

(19) <u>전쟁</u>으로 부모 잃은 고아들이 많이 생겼습니다. (　　　　　)

4 다음 訓(훈)과 音(음)에 맞는 漢字(한자)를 쓰세요.

(20) 마디 절　　　(21) 법 전　　　(22) 인할 인

(23) 뜻 정　　　　(24) 두 재　　　(25) 붉을 적

5 다음 뜻풀이에 맞는 漢字語(한자어)를 〈보기〉에서 찾아 그 번호를 쓰세요.

〈보기〉	① 情談	② 展望	③ 再建
	④ 情景	⑤ 展開	⑥ 再會

(26) 다시 만남　　　　　　　　　　　(　　　)

(27) 점차 크게 펼쳐짐　　　　　　　　(　　　)

(28) 다정한 이야기　　　　　　　　　(　　　)

6 다음 漢字(한자)의 ㉠획은 몇 번째에 쓰는지 〈보기〉에서 찾아 그 번호를 쓰세요.

〈보기〉	① 두 번째	② 세 번째	③ 네 번째
	④ 다섯 번째	⑤ 여섯 번째	⑥ 일곱 번째

(29) 　　　(30)

(　　　)　　　　　　　　(　　　)

161

卒 마칠 졸

- 부수 _ 十(열십) | 총획 _ 8 | 반_ 始(시), 初(초) | 동_ 末(말), 終(종)
- 卒業(졸업) : 학교의 정해진 교과 과정을 마침
- 軍卒(군졸) : 군대에서 장교의 지휘를 받는 군인
- 卒兵(졸병) : 직위가 낮은 병사

머리[亠]에 갓을 쓴 두[人人] '병정'이 십[十] 일 만에 훈련을 '마쳤다'.

`、 亠 亠 亽 夲 衣 衣 卒`

卒 卒 卒

162

種 씨 종

- 부수 _ 禾(벼화) | 총획 _ 14 | 비_ 重(중), 動(동)
- 種類(종류) : 사물의 부문을 나누는 갈래
- 種目(종목) : 종류의 항목
- 種別(종별) : 종류에 의한 구별

벼[禾]를 거둔 후, 중요하게[重] 보관한 '씨'.

`、 二 千 禾 禾 秂 秂 秆 秆 秆 秆 種 種`

種 種 種

163 終 마칠 종

- ◆ 부수 _ 糸(실사) | ◆ 총획 _ 11 | 반 _ 始(시), 初(초) | 동 _ 末(말), 卒(졸)
- ✤ 終結(종결) : 끝을 냄
- ✤ 終日(종일) : 아침부터 저녁까지
- ✤ 始終(시종) : 처음부터 끝까지

실[糸]로 옷을 짜는 일은 겨울[冬]이 오기 전에 '마치자'.

어떻게 쓰나요

` ˊ ˊ ˇ ˇ 幺 糸 糸 紅 紘 終 終 終 `

終 終 終

164 罪 허물 죄

- ◆ 부수 _ 罒(网)(그물망) | ◆ 총획 _ 13
- ✤ 罪過(죄과) : 죄가 될 만한 허물
- ✤ 罪名(죄명) : 범죄의 명목
- ✤ 罪人(죄인) : 죄를 지은 사람

법망[罒]에 걸리지 아니하는[非] '허물'도 있다.

어떻게 쓰나요

` 丨 冂 冂 罒 罒 罘 罪 罪 罪 罪 罪 罪 `

罪 罪 罪

週 주일 주

- 부수 _ 辶(辵)(책받침) | 총획 _ 12 | 비 _ 調(조)
- 週期(주기) : 일정한 시간마다 동일한 현상이 반복될 때의 일정한 시간
- 週間(주간) : 한 주일 동안
- 今週(금주) : 이번 주

주위[周]를 뛰어[辶] 도는 데 일 '주일' 이 걸렸다.

丿 冂 冃 円 用 用 周 周 周 週 週 週

週 週 週

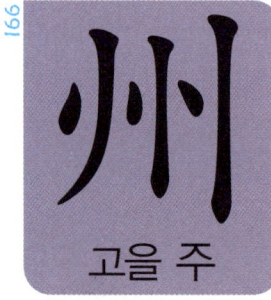

州 고을 주

- 부수 _ 川(巛)(개미허리) | 총획 _ 6 | 동 _ 郡(군), 邑(읍)
- 州郡(주군) : 주와 군
- 九州(구주) : 9개의 주
- 全州(전주) : 전라북도에 있는 시의 이름

냇물[川] 중간중간에 점[丶]처럼 '고을' 이 있다.

丶 丿 丬 州 州 州

州 州 州

知 알 지

◆ 부수 _ 矢(화살시) | ◆ 총획 _ 8 | ◆ 동 _ 識(식)

+ 知己(지기) : 자기의 진심과 진가를 잘 알아주는 친구
+ 知能(지능) : 머리의 기능. 지적인 능력
+ 知識(지식) : 알고 있는 내용

화살[矢]처럼, 한번 입[口]으로 내뱉은 말은 돌이킬 수 없음을 '안다'.

丿 ㄣ ㄌ 矢 矢 知 知 知

知 知 知

止 그칠 지

◆ 부수 _ 止(그칠지) | ◆ 총획 _ 4 | ◆ 비 _ 正(정) | ◆ 동 _ 停(정)

+ 行動擧止(행동거지) : 몸을 움직여서 하는 모든 것
+ 停止(정지) : 움직이다가 멈춤
+ 中止(중지) : 일을 중도에서 그만둠

걸음을 '그친' 발 모양을 본뜬 글자.

丨 ㅏ ㅑ 止

止 止 止

質 바탕 질

- 부수 _ 貝(조개패) | ◆ 총획 _ 15

+ 質量(질량) : 질과 양
+ 質問(질문) : 모르거나 의심나는 것을 물음
+ 質責(질책) : 잘못을 책하여 바로잡음

새로 산 도끼[斤斤] 두 자루는 가격[貝]이 비싼 만큼 '바탕', '질'이 좋다.

' 厂 F F ド ド ド ド 所 所 皙 皙 晢 質 質

質 質 質

着 붙을 착

- 부수 _ 目(눈목) | ◆ 총획 _ 12 | ◆ 반 _ 發(발)

+ 着工(착공) : 공사를 시작함
+ 着陸(착륙) : 비행기가 땅 위에 내림
+ 着席(착석) : 자리에 앉음

양[羊]이 서로 눈[目]으로 바라보며 의좋게 '붙어' 산다.

` ` 丷 ⺍ 半 羊 羊 羊 着 着 着

着 着 着

171 參 참여할 참 / 석 삼

- ◆ 부수 _ ㄙ(마늘모) | ◆ 총획 _ 11 | ◆ 속 _ 参 | ◆ 동 _ 三(삼)
- ✚ 參加(참가) : 어떤 모임이나 일에 참여함
- ✚ 參考(참고) : 살펴서 생각함
- ✚ 參席(참석) : 모임의 자리에 참여함

나[ㅿ]는 예쁜 사람[人]으로 보이기 위해 머리[彡]를 잘 빗고 친구 '세' 명과 함께 행사에 '참여한다'.

 ㄥ ㄥ ㅿ ㅿ 厽 厽 夊 夈 夋 參 參

參 參 參

172 唱 부를 창

- ◆ 부수 _ 口(입구) | ◆ 총획 _ 11
- ✚ 名唱(명창) : 뛰어나게 노래를 잘 부르는 사람
- ✚ 唱法(창법) : 노래를 부르는 방법
- ✚ 獨唱(독창) : 혼자서 부르는 노래

입[口]으로 매일[日] 매일[日] 노래를 '부르다'.

 ㅣ 口 口 口' 吅 吅 吅 吅日 唱 唱 唱

唱 唱 唱

169

責 꾸짖을 책

- ◆ 부수 _ 貝(조개패) | ◆ 총획 _ 11
- ✦ 責望(책망) : 허물을 들어 꾸짖음
- ✦ 責任(책임) : 맡아서 해야 할 임무
- ✦ 問責(문책) : 책임을 물음

땅[土] 주인 하나[一]가 와서, 돈[貝]을 갚지 않는다고 '꾸짖는다'.

一 二 キ 土 丰 圭 丰 青 青 青 責 責

責 責 責

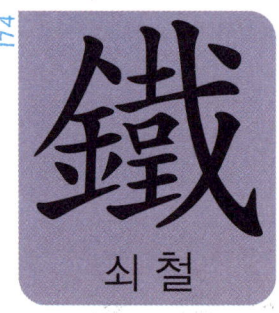
鐵 쇠 철

- ◆ 부수 _ 金(쇠금) | ◆ 총획 _ 21 | ◆ ㉑ _ 鉄 | ◆ 비 _ 銀(은) | ◆ 동 _ 金(금)
- ✦ 鐵道(철도) : 기차, 전차의 선로
- ✦ 鐵物(철물) : 쇠로 만든 물건
- ✦ 鐵石(철석) : 쇠와 돌

쇠[金] 중에 가장 으뜸[王]인 것으로 비로소[哉] 열 '쇠'를 만들다.

丿 𠂉 𠂉 𠂉 𠂉 𠂉 𠂉 金 金 金 鈝 鈝 鋅 鋅 鋅 鐵 鐵 鐵

鐵 鐵 鐵

初 처음 초

◆ 부수 _ 刀(칼도) | ◆ 총획 _ 7 | 비 _ 切(절) | 반 _ 末(말) | 동 _ 始(시)

+ 初級(초급) : 맨 첫째 등급
+ 初面(초면) : 처음으로 대하는 얼굴
+ 始初(시초) : 맨 처음

옷[衣]을 만들기 위해 칼[刀]로 자르는 과정이 '처음'이다.

`ᐟ ㇀ ㇀ ネ ネ 初 初`

初 初 初

最 가장 최

◆ 부수 _ 日(가로왈) | ◆ 총획 _ 12

+ 最高(최고) : 가장 높음
+ 最近(최근) : 가장 가까움
+ 最多(최다) : 가장 많음

그는 귀[耳]로 들은 것을 또[又] 말[曰]로 정확하게 하는 데에 '가장' '최고'다.

`丨 冂 日 日 旦 早 昌 昌 冣 冣 最 最`

最 最 最

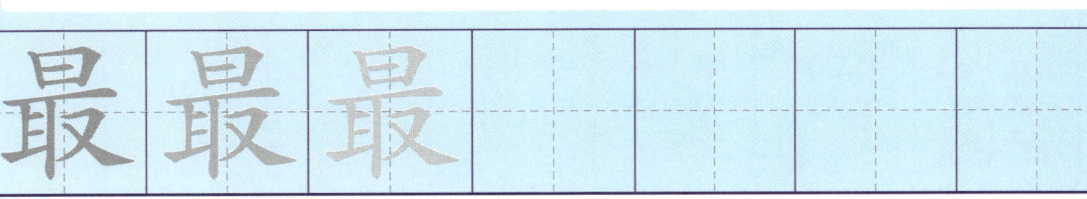

177

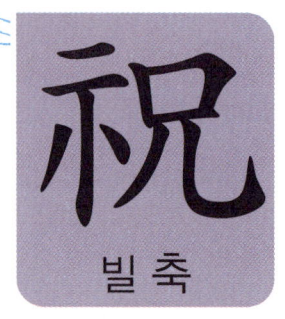

빌 축

- 부수 _ 示(보일시) | ◆ 총획 _ 10 | ◆ 비 _ 兄(형), 說(설)

- 祝歌(축가) : 축하하는 뜻으로 부르는 노래
- 祝文(축문) : 제사 때 신에게 고하는 글. 축하하는 글
- 祝福(축복) : 신의 은총을 기원함

신[示]에게 사람[儿]이 입[口]으로 소원을 '**빈다**'.

一 二 亍 于 示 示 礻 祀 祀 祝

祝 祝 祝

178

가득할 충

- 부수 _ 儿(어진사람인발) | ◆ 총획 _ 6

- 充當(충당) : 부족한 것을 모아서 메움
- 充分(충분) : 모자라지 않고 넉넉함
- 充足(충족) : 넉넉하여 모자라지 않음

내[厶] 머리[亠]에는 사람들[儿]과의 추억이 '**가득하다**'.

丶 一 亠 玄 产 充

充 充 充

致 이를 치

- 부수 _ 至(이를지) | 총획 _ 10 | 비 _ 到(도) | 동 _ 到(도)
- 一致團結(일치단결) : 여럿이 하나로 굳게 뭉침
- 致富(치부) : 재산을 모아 부자가 됨
- 致死(치사) : 죽음에 이르게 함

매로 쳐서[攵] 바른 곳에 이르도록[至] 가르치니,
마침내 성공에 **'이르다'**.

一 厂 云 즈 주 至 到 至 至 致 致

致 致 致

則 법칙 칙 / 곧 즉

- 부수 _ 刂(刀)(선칼도방) | 총획 _ 9
- 동 _ 規(규), 度(도/탁), 例(례), 法(법), 式(식), 典(전)
- 校則(교칙) : 학교의 규칙
- 反則(반칙) : 규칙에 어긋남
- 原則(원칙) : 근본이 되는 법칙

재물[貝]을 칼[刂]로 나눈 듯 정확하게 나누려면
'곧' **'법칙'** 이 있어야 한다.

丨 冂 冂 月 目 貝 貝 則 則

則 則 則

기초다지기 9

1 다음 가로와 세로를 이용하여 퍼즐의 답을 漢字(한자)로 써넣으세요.

가로

① 명창 (뛰어나게 노래를 잘 부르는 사람)
② 시종 (처음부터 끝까지)
③ 책임 (맡아서 해야 할 임무)

세로

① 창법 (노래를 부르는 방법)
② 종일 (아침부터 저녁까지)
③ 문책 (책임을 물음)

2 다음 독음에 알맞은 漢字(한자)를 빈칸에 써넣으세요.

(1) 참가 ☐ 加   (4) 전주 全 ☐

(2) 책임 ☐ 任   (5) 졸병 ☐ 兵

(3) 지능 ☐ 能   (6) 종류 ☐ 類

3 다음에서 서로 어울리는 漢字(한자)와 訓(훈), 音(음)을 묶으세요.

着　처음　初

붙을　　초　　이를

　　착　　致　치

실전문제 9

1 다음 漢字(한자)의 訓(훈)과 音(음)을 바르게 연결하세요.

(1) 罪名

(2) 知識

(3) 週期

(4) 着工

(5) 參席

(6) 初級

(7) 充足

(8) 致富

2 다음 漢字(한자)의 訓(훈)과 音(음)을 쓰세요.

(9) 祝

(10) 則

(11) 鐵

(12) 質

(13) 州

(14) 種

3 다음 문장의 밑줄 친 한자어를 漢字(한자)로 쓰세요.

(15) 오늘은 종일 비가 내려 밖에 나가지 않았다. (   )

(16) 내 동생은 이미 대학교를 졸업했다. (   )

(17) 봄이 되자 들에 여러 종류의 꽃이 만발했다. (   )

(18) 이 빌딩은 최근에 지어졌다. (   )

(19) 하객들의 축복 속에서 결혼식을 올렸다. (   )

4 다음 訓(훈)과 音(음)에 맞는 漢字(한자)를 쓰세요.

(20) 마칠 종   (21) 그칠 지   (22) 처음 초

(23) 허물 죄   (24) 부를 창   (25) 이를 치

5 다음 뜻풀이에 맞는 漢字語(한자어)를 〈보기〉에서 찾아 그 번호를 쓰세요.

〈보기〉	① 充分	② 週間	③ 唱法
	④ 充足	⑤ 今週	⑥ 獨唱

(26) 혼자서 부르는 노래   (   )

(27) 모자라지 않고 넉넉함   (   )

(28) 한 주일 동안   (   )

6 다음 漢字(한자)의 ㉠획은 몇 번째에 쓰는지 〈보기〉에서 찾아 그 번호를 쓰세요.

〈보기〉	① 두 번째	② 세 번째	③ 네 번째
	④ 다섯 번째	⑤ 여섯 번째	⑥ 일곱 번째

(29) 罪   (   )   (30) 充   (   )

他 다를 타

◆ 부수 _ 亻(人)(사람인변) | ◆ 총획 _ 5 | 비 _ 地(지) | 반 _ 自(자) | 동 _ 別(별)

+ 他界(타계) : 어른의 죽음을 이르는 말
+ 他國(타국) : 다른 나라
+ 他意(타의) : 다른 생각. 다른 사람의 뜻

사람[亻]은 또한[也] '남' 과 '다르다'.

어떻게 쓰나요

ノ 亻 亻 他 他

他 他 他

打 칠 타

◆ 부수 _ 扌(手)(재방변) | ◆ 총획 _ 5 | 비 _ 停(정), 貯(저)

+ 打作(타작) : 곡식의 이삭을 두드려 그 낟알을 거둠
+ 打開(타개) : 헤쳐 엶
+ 打算(타산) : 계산함

손[扌]에 망치를 들고 씩씩하게[丁] '친다'.

어떻게 쓰나요

一 十 扌 扌 打

打 打 打

183 卓 높을 탁

- 부수 _ 十(열십) | ◆ 총획 _ 8 | ◆ 동 _ 高(고)
- 卓子(탁자) : 서랍이 없이 책상 모양으로 만든, 물건을 올려 놓게 된 세간
- 卓見(탁견) : 뛰어난 식견이나 의견
- 卓上(탁상) : 탁자의 위

지평선[一] 위[丨]로 아침[早] 해가 '높게' 솟았다.

丨 卜 卜 占 占 占 卓 卓

卓 卓 卓

184 炭 숯 탄

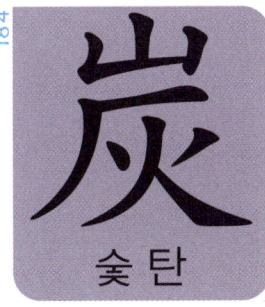

- 부수 _ 火(불화) | ◆ 총획 _ 9
- 炭田(탄전) : 석탄이 많이 묻혀 있는 땅
- 炭車(탄차) : 석탄을 나르는 차
- 木炭(목탄) : 숯

산[山] 밑 바위[厂]에서 불[火]로 구워 낸 '숯'.

丨 凵 山 山 岸 岸 炭 炭 炭

炭 炭 炭

宅 집 택(댁)

- 부수 _ 宀(갓머리) | ◆ 총획 _ 6

- 宅號(택호) : 주인의 벼슬 이름이나 주부의 친정 고장의 이름을 따서 그 사람의 집을 부르는 이름
- 宅內(댁내) : 남의 '집안'을 높여 부르는 말
- 宅地(택지) : 집터

천[千]금을 들여 집[宀]을 지었으니 얼마나 좋은 '집'인가.

`丶 ㇀ 宀 宁 宅 宅`

宅 宅 宅

板 널조각 판

- 부수 _ 木(나무목) | ◆ 총획 _ 8

- 板木(판목) : 인쇄하기 위해 글자나 그림을 새긴 나무
- 板本(판본) : 판목으로 인쇄한 책
- 板書(판서) : 칠판에 쓴 글씨

나무[木]를 자르니 반대[反]편으로 벌어지는 '널조각'.

`一 十 才 木 朩 朽 板 板`

板 板 板

敗 패할 패

- ◆ 부수 _ 攵(攴)(등글월문) | ◆ 총획 _ 11 | 반 _ 勝(승) | 동 _ 亡(망)
- ✚ 敗家(패가) : 집안을 망침
- ✚ 敗亡(패망) : 패하여 망함
- ✚ 敗北(패배) : 싸움에 짐

조개[貝]를 쳐서[攵] 깨지면 시합에서 '패한' 거야.

丨 冂 冃 目 目 貝 貝 貯 敗 敗 敗

敗 敗 敗

品 물건 품

- ◆ 부수 _ 口(입구) | ◆ 총획 _ 9 | 비 _ 操(조) | 동 _ 件(건), 物(물)
- ✚ 品格(품격) : 품위. 품질
- ✚ 品目(품목) : 물품의 이름
- ✚ 品性(품성) : 사람의 됨됨이

세 사람이 입[口]을 모아 '물건'을 평한다.

丨 口 口 口 品 品 品 品 品

品 品 品

必 반드시 필

- 부수 _ 心(마음심) | ◆ 총획 _ 5 | 비 _ 心(심)
- 必讀(필독) : 꼭 읽음
- 必死(필사) : 죽을 각오로 일함
- 必勝(필승) : 반드시 이김

마음[心]이 삐뚠[丿] 성격은 '반드시' 고쳐야 한다.

어떻게 쓰나요

丶 ソ 必 必 必

必 必 必

筆 붓 필

- 부수 _ 竹(대나무죽) | ◆ 총획 _ 12
- 筆記(필기) : 써서 기록함
- 筆談(필담) : 글로 써서 의사를 통함
- 筆答(필답) : 글로 써서 답함

대나무[竹]를 잘 닦아[聿] '붓'을 만들다.

어떻게 쓰나요

丿 𠂉 𠂉 𠂉 𥫗 𥫗 竻 竺 竺 笙 筀 筆

筆 筆 筆

河 물 하

◆ 부수 _ 氵(水)(삼수변) | ◆ 총획 _ 8 | ◆ 비 _ 可(가), 歌(가) | ◆ 반 _ 火(화)
◆ 동 _ 水(수), 江(강)

✚ 河口(하구) : 바다로 들어가는 강물의 어귀
✚ 河流(하류) : 강이나 내의 흐름
✚ 河心(하심) : 강물의 한복판

마을에 큰 도움을 주니 가히[可] 물[氵] 중의 '물'이다.

丶 丶 氵 汁 汁 沪 沪 河

河 河 河

寒 찰 한

◆ 부수 _ 宀(갓머리) | ◆ 총획 _ 12 | ◆ 반 _ 熱(열), 溫(온) | ◆ 동 _ 冷(랭)

✚ 寒氣(한기) : 몸에 느껴지는 으스스한 기운
✚ 寒冷(한랭) : 춥고 참
✚ 寒心(한심) : 가엾고 딱함

집[宀]에 우물[井]이 하나[一] 있는데, 여덟[八] 개의 얼음[冫]이 떠 있으니 몹시 '차다'.

丶 丶 宀 宀 宀 宀 宙 宙 宣 寒 寒 寒

寒 寒 寒

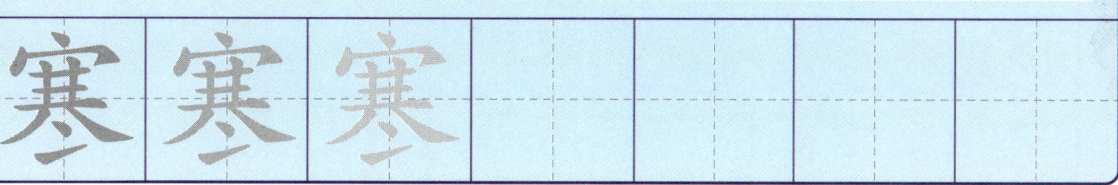

害 해할 해

- ◆ 부수 _ 宀(갓머리) | ◆ 총획 _ 10 | 반 _ 利(리)
- ✚ 害惡(해악) : 해가 되는 나쁜 일
- ✚ 加害(가해) : 해를 끼침
- ✚ 利害(이해) : 이익과 손해

남의 집[宀] 일은 세[三] 번 참고 또 한[ㅣ] 번 참아 입[口]을 다물어야 '해'가 없다.

어떻게 쓰나요

丶 丶 宀 宀 宀 宁 宝 宝 害 害 害

| 害 | 害 | 害 | | | | | |

許 허락할 허

- ◆ 부수 _ 言(말씀언) | ◆ 총획 _ 11
- ✚ 許可(허가) : 청하는 바를 들어줌
- ✚ 許多(허다) : 매우 많음
- ✚ 特許(특허) : 특별히 허가함

낮[午]에 말씀[言]드린 일을 할아버지께서 '허락하셨다'.

어떻게 쓰나요

丶 一 ニ 言 言 言 言 許 許 許 許

| 許 | 許 | 許 | | | | | |

湖
호수 호

◆ 부수 _ 氵(水)(삼수변) | ◆ 총획 _ 12

+ 湖水(호수) : 큰 못
+ 江湖(강호) : 강과 호수. 자연
+ 大湖(대호) : 큰 호수

옛날[古]부터 오랜 세월[月] 한곳에 머물러 있는 물[氵]이 '호수'다.

`` ` 氵 氵 汁 汁 沽 沽 沽 湖 湖 湖 湖

湖 湖 湖

化
될 화

◆ 부수 _ 匕(비수비) | ◆ 총획 _ 4 | 동 _ 變(변)

+ 化石(화석) : 지질 시대에 살던 동식물의 유해가 퇴적암 등에 남아 있는 것
+ 化學(화학) : 물질의 조성과 구조, 성질과 작용 및 변화 등을 연구하는 학문
+ 化合(화합) : 둘 이상의 물질 또는 원소가 화학적으로 결합하여 다른 물질을 생성하는 일

사람[亻]은 나이가 들면 허리가 구부러지게[匕] '된다'.

丿 亻 亻 化

化 化 化

患 근심 환

- ◆ 부수 _ 心(마음심) | ◆ 총획 _ 11

+ 患部(환부) : 병이나 상처가 난 곳
+ 患者(환자) : 병을 앓는 사람
+ 老患(노환) : 늙어 쇠약하여 생기는 병

나무판 두 장[口口]을 송곳으로 뚫은[丨] 듯, 마음[心]이 '근심'으로 가득 차 아프다.

| 丨 口 口 日 串 串 串 患 患 患 |

| 患 | 患 | 患 | | | | | |

效 본받을 효

- ◆ 부수 _ 攵(攴)(등글월문) | ◆ 총획 _ 10 | ◆ 비 _ 交(교), 校(교)

+ 效果(효과) : 보람 있는 결과
+ 效能(효능) : 효험을 나타내는 성능
+ 效用(효용) : 어떤 물건의 쓸모

매로 쳐서[攵] 착한 사람과 사귀어[交] 좋은 점을 '본받으라고' 한다.

| 丶 亠 云 六 宁 交 攵 爻 效 效 |

| 效 | 效 | 效 | | | | | |

凶 흉할 흉

- ◆ 부수 _ㄴ(위튼입구몸) | ◆ 총획_4 | ◆ 반_吉(길)

+ 凶家(흉가) : 들어 사는 사람에게 안 좋은 일이 생긴다는 불길한 집
+ 凶計(흉계) : 흉악한 꾀
+ 凶年(흉년) : 농작물이 잘 안 된 해

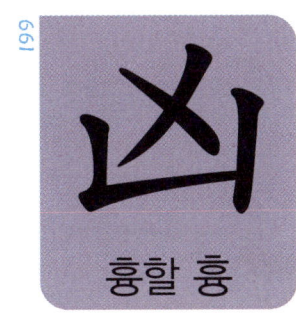

여기저기 금간[ㄨ] 네모난[ㄴ] 병이 보기에 '흉하다'.

ノ ㄨ 凶 凶

凶 凶 凶

黑 검을 흑

- ◆ 부수_黑(검을흑) | ◆ 총획_12 | ◆ 속_黒 | ◆ 반_白(백)

+ 黑白(흑백) : 검은빛과 흰빛
+ 黑心(흑심) : 부정한 마음
+ 黑人(흑인) : 피부색이 검은 사람

불[灬]을 때니 흙[土]으로 만든 창[罒]이 '검게' 그을렸다.

丨 口 ㅁ 曰 四 甲 里 黑 黑 黑

黑 黑 黑

1 다음 가로와 세로를 이용하여 퍼즐의 답을 漢字(한자)로 써넣으세요.

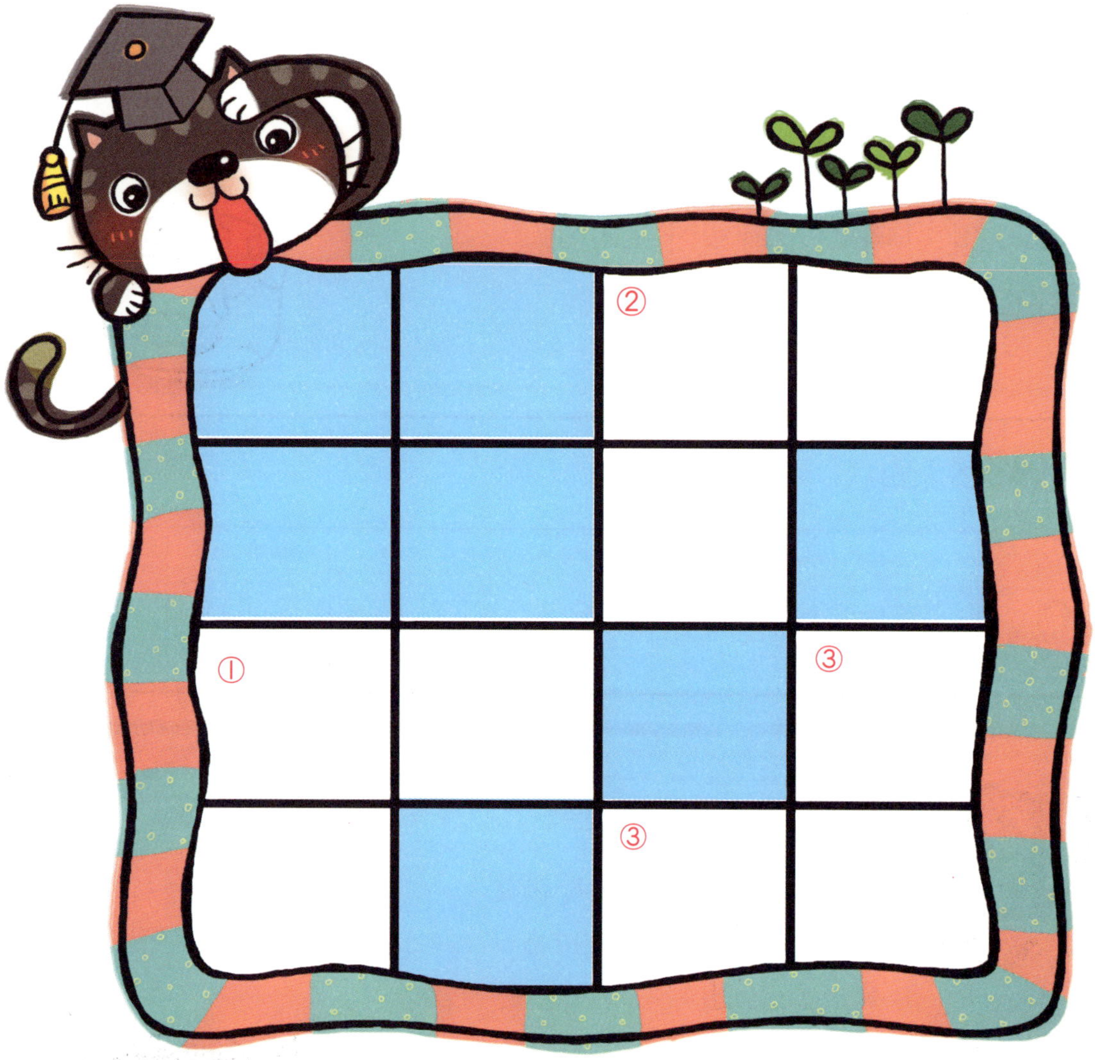

 가로

① 필독 (꼭 읽음)
② 품격 (품위, 품질)
③ 이해 (이익과 손해)

 세로

① 필승 (반드시 이김)
② 품성 (사람의 됨됨이)
③ 가해 (해를 끼침)

2 다음 독음에 알맞은 漢字(한자)를 빈칸에 써넣으세요.

(1) 필승 □ 勝   (4) 품목 □ 目

(2) 하구 □ 口   (5) 흑인 □ 人

(3) 패배 □ 北   (6) 효과 □ 果

3 다음에서 서로 어울리는 漢字(한자)와 訓(훈), 音(음)을 묶으세요.

호   호수   湖

다를   타   물   하

他   河

실전문제 10

1. 다음 漢字(한자)의 訓(훈)과 音(음)을 바르게 연결하세요.

(1) 炭田
(2) 卓子
(3) 敗北
(4) 品目
(5) 寒冷
(6) 許可
(7) 加害
(8) 凶年

2. 다음 漢字(한자)의 訓(훈)과 音(음)을 쓰세요.

(9) 效
(10) 許
(11) 湖
(12) 筆
(13) 板
(14) 打

3. 다음 문장의 밑줄 친 한자어를 漢字(한자)로 쓰세요.

(15) 탁상에 자명종 시계가 놓여 있다. (   )

(16) 그는 고결한 품성을 가졌다. (   )

(17) 학생들이 수업 내용을 꼼꼼히 필기하고 있다. (   )

(18) 환절기에는 감기 환자가 많이 늘어난다. (   )

(19) 흉년이 들자 백성들의 생활은 더욱 힘들어졌다. (   )

4 다음 訓(훈)과 音(음)에 맞는 漢字(한자)를 쓰세요.

(20) 숯 탄 (21) 물 하 (22) 해할 해

(23) 집 택(댁) (24) 반드시 필 (25) 검을 흑

5 다음 뜻풀이에 맞는 漢字語(한자어)를 〈보기〉에서 찾아 그 번호를 쓰세요.

〈보기〉	① 寒冷	② 許可	③ 他國
	④ 寒心	⑤ 許多	⑥ 他意

(26) 청하는 바를 들어줌 (   )

(27) 다른 나라 (   )

(28) 춥고 참 (   )

6 다음 漢字(한자)의 ㉠획은 몇 번째에 쓰는지 〈보기〉에서 찾아 그 번호를 쓰세요.

〈보기〉	① 다섯 번째	② 여섯 번째	③ 일곱 번째
	④ 여덟 번째	⑤ 아홉 번째	⑥ 열 번째

(29) 敗 (30) 黑

(   )   (   )

기초다지기·실전문제 해답

기초다지기 1

1.

2. (1) 改正 (2) 可能 (3) 高價
   (4) 格言 (5) 告白 (6) 雪景

3.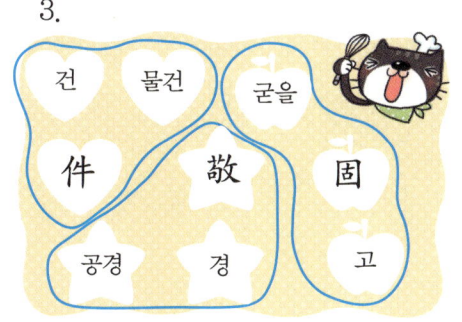

기초다지기 2

1.

2. (1) 思考 (2) 課業 (3) 鐵橋
   (4) 廣告 (5) 當局 (6) 規定

3. (판, 국, 技, 광, 廣, 局, 기, 넓을, 재주)

기초다지기 3

1.

2. (1) 吉日 (2) 團體 (3) 談話
   (4) 當然 (5) 半島 (6) 計量

3.

실전문제 1

(1) 가속 (2) 과거 (3) 거동
(4) 건아 (5) 견본 (6) 경애
(7) 결과 (8) 경쟁 (9) 가벼울 경
(10) 굳을 고 (11) 결단할 결 (12) 옳을 가
(13) 손님 객 (14) 세울 건 (15) 價格
(16) 擧動 (17) 結局 (18) 告白
(19) 競賣 (20) 價 (21) 改
(22) 擧 (23) 件 (24) 景
(25) 競 (26) ① 固正 (27) ③ 去年
(28) ② 見習 (29) ⑤ 여섯 번째
(30) (④ 다섯 번째)

실전문제 2

(1) 구면 (2) 급수 (3) 기차
(4) 기대 (5) 기본 (6) 이기
(7) 기능 (8) 과거 (9) 귀할 귀
(10) 물끓는김 기 (11) 갖출 구
(12) 굽을 곡 (13) 관계할 관
(14) 넓을 광 (15) 關心 (16) 日課
(17) 給食 (18) 貴重 (19) 規則
(20) 觀 (21) 舊 (22) 給
(23) 己 (24) 期 (25) 考
(26) ③ 陸橋 (27) ④ 貴重 (28) ⑤ 技術
(29) (① 첫 번째)
(30) (④ 네 번째)

실전문제 3

(1) 능력 (2) 단상 (3) 도착
(4) 양가 (5) 연습 (6) 덕망
(7) 도읍 (8) 낙마 (9) 마땅할 당
(10) 말씀 담 (11) 홀로 독 (12) 밝을 랑
(13) 나그네 려 (14) 지날 력
(15) 朗讀 (16) 首都 (17) 練習
(18) 冷氣 (19) 敎壇 (20) 念
(21) 島 (22) 團 (23) 落
(24) 談 (25) 吉 (26) ⑤ 獨善
(27) ① 落望 (28) ⑥ 德性
(29) (④ 네 번째)
(30) (⑥ 여섯 번째)

기초다지기 4

1.

2. (1) 流産 (2) 末期 (3) 亡者
   (4) 法規 (5) 無念 (6) 奉養

3.

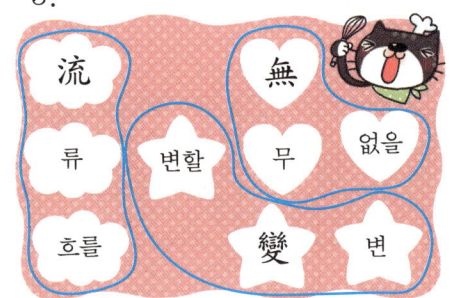

기초다지기 5

1.

2. (1) 善惡 (2) 産母 (3) 鼻音
   (4) 比重 (5) 出仕 (6) 賞品

3.

기초다지기 6

1.

2. (1) 團束 (2) 實力 (3) 惡德
   (4) 健兒 (5) 魚類 (6) 說明

3.

실전문제 4

(1) 노고   (2) 교류   (3) 마부
(4) 매매   (5) 무가   (6) 봉사
(7) 변개   (8) 말기   (9) 복 복
(10) 법 법   (11) 망할 망
(12) 하여금 령 (13) 헤아릴 료
(14) 뭍 륙   (15) 명령   (16) 馬車
(17) 賣出   (18) 變化   (19) 奉仕
(20) 無   (21) 領   (22) 末
(23) 倍   (24) 兵   (25) 福
(26) ⑥ 陸路 (27) ④ 倍數 (28) ⑤ 福利
(29) (⑥ 아홉 번째)
(30) (③ 여섯 번째)

실전문제 5

(1) 빙산   (2) 상금   (3) 사고
(4) 선녀   (5) 무가   (6) 상점
(7) 비등   (8) 사본   (9) 코 비
(10) 쓸 비   (11) 조사할 사
(12) 낳을 산 (13) 섬길 사 (14) 배 선
(15) 商品   (16) 順序   (17) 大賞
(18) 寫本   (19) 耳目口鼻 (20) 思
(21) 士   (22) 仙   (23) 氷
(24) 査   (25) 選   (26) ② 船客
(27) ③ 選手 (28) ① 相關
(29) (② 다섯 번째)
(30) (⑤ 여덟 번째)

실전문제 6

(1) 세면   (2) 설교   (3) 결속
(4) 숙명   (5) 순리   (6) 어부
(7) 안건   (8) 세월
(9) 말씀 설/달랠 세   (10) 보일 시
(11) 아이 아 (12) 억 억   (13) 기를 양
(14) 알 식/기록할 지 (15) 億萬長者
(16) 養女   (17) 識別   (18) 性格
(19) 洗手   (20) 漁   (21) 臣
(22) 束   (23) 約   (24) 實
(25) 歲   (26) ④ 考案
(27) ⑤ 宿病 (28) ③ 識見
(29) (③ 세 번째)
(30) (⑤ 다섯 번째)

기초다지기 7

1.

2. (1) 牛角 (2) 社屋 (3) 友情
   (4) 風雲 (5) 所願 (6) 以外

3.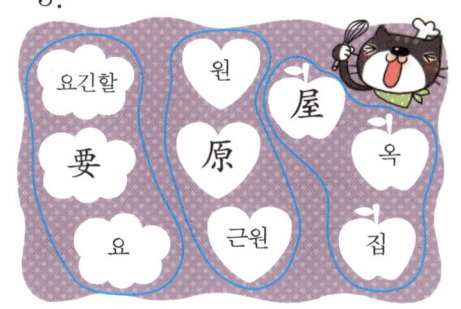

기초다지기 8

1.

2. (1) 水災 (2) 赤色 (3) 傳記
   (4) 操作 (5) 停止 (6) 的當

3.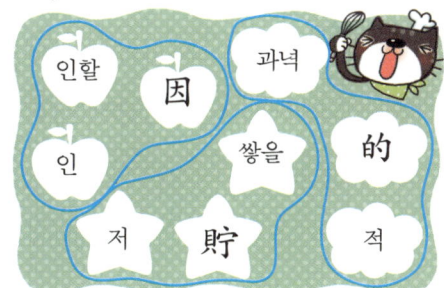

기초다지기 9

1.

2. (1) 參加 (2) 責任 (3) 知能
   (4) 全州 (5) 卒兵 (6) 種類

3.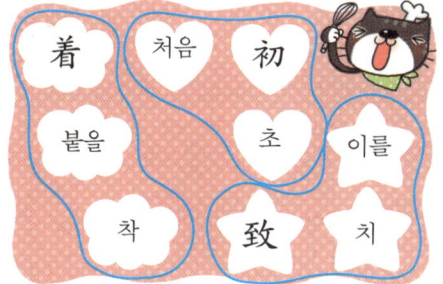

실전문제 7

(1) 완결 (2) 욕실 (3) 우애
(4) 위대 (5) 원망 (6) 웅건
(7) 원래 (8) 고위 (9) 써 이
(10) 구름 운 (11) 잎 엽 (12) 집 원
(13) 요긴할 요 (14) 으뜸 원
(15) 日曜日 (16) 要領 (17) 雨衣
(18) 友愛 (19) 落葉 (20) 熱
(21) 耳 (22) 原 (23) 雄
(24) 偉 (25) 牛 (26) ③ 方位
(27) ① 雲集 (28) ⑥ 品位
(29) (⑤ 여섯 번째)
(30) (③ 세 번째)

실전문제 8

(1) 인과 (2) 재료 (3) 저금
(4) 재민 (5) 전당 (6) 절감
(7) 조심 (8) 점원 (9) 고를 조
(10) 머무를 정 (11) 재물 재
(12) 맡길 임 (13) 재앙 재 (14) 전할 전
(15) 的中 (16) 貯蓄 (17) 展示
(18) 操心 (19) 戰爭 (20) 節
(21) 典 (22) 因 (23) 情
(24) 再 (25) 赤 (26) ⑥ 再會
(27) ⑤ 展開 (28) ① 情談
(29) (⑤ 여섯 번째)
(30) (③ 네 번째)

실전문제 9

(1) 죄명 (2) 지식 (3) 주기
(4) 착공 (5) 참석 (6) 초급
(7) 충족 (8) 치부 (9) 빌 축
(10) 법칙 칙/곧 즉 (11) 쇠 철
(12) 바탕 질 (13) 고을 주 (14) 씨 종
(15) 終日 (16) 卒業 (17) 種類
(18) 最近 (19) 祝福 (20) 終
(21) 止 (22) 初 (23) 罪
(24) 唱 (25) 致 (26) ⑥ 獨唱
(27) ① 充分 (28) ② 週間
(29) (② 세 번째)
(30) (④ 다섯 번째)

기초다지기 10

1.

2. (1) 必勝 (2) 河口 (3) 敗北
   (4) 品目 (5) 黑人 (6) 效果

3.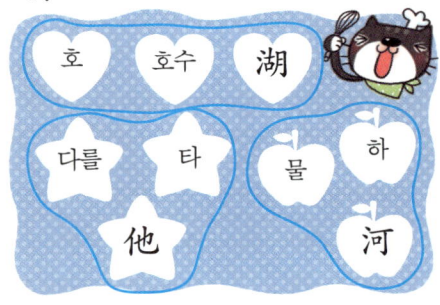

실전문제 10

(1) 탄전   (2) 탁자   (3) 패배
(4) 품목   (5) 한랭   (6) 허가
(7) 가해   (8) 흉년   (9) 본받을 효
(10) 허락할 허   (11) 호수 호
(12) 붓 필 (13) 널조각 판
(14) 칠 타 (15) 卓上   (16) 品性
(17) 筆記   (18) 患者   (19) 凶年
(20) 炭   (21) 河   (22) 害
(23) 宅   (24) 必   (25) 黑
(26) ② 許可 (27) ③ 他國 (28) ① 寒冷
(29) (⑤ 아홉 번째)
(30) (④ 여덟 번째)

5급 쓰기연습장

한자의 훈(訓)과 음(音)을 생각하며, 순서에 따라 써 보세요.

더할 가	ㄱ カ か 加 加
加	加 加

값 가	ノ イ イ´ イ˝ 仁 俨 価 価 僧 價 價 價 價
價	價 價

옳을 가	一 ㄏ ㅁ ㅁ 可
可	可 可

고칠 개	フ コ 己 己´ 己゙ 改 改
改	改 改

손님 객	丶丶宀宀宀灾灾客客
客	

갈 거	一十土去去
去	

들 거	′′′′F F臼臼臼臼與與與與舉舉
舉	

물건 건	丿亻亻亻作件
件	

한자의 훈(訓)과 음(音)을 생각하며, 순서에 따라 써 보세요.

세울 건	ㄱ ㅋ ㅋ ㅋ ㅋ 肀 聿 建 建
建	

굳셀 건	ノ イ 亻 亻 亻 亻 亻 亻 佳 健 健
健	

격식 격	一 十 十 才 木 朾 杦 枚 格 格
格	

볼 견/뵈올 현	丨 冂 冂 月 目 貝 見
見	

04

함께 써 보아요~

결단할 **결**	丶 冫 氵 汀 江 決 決

決

맺을 **결**	乚 么 幺 幺 糸 糸 糹 紌 紌 結 結 結

結

볕 **경**	一 冂 曰 日 旦 早 旱 昂 景 景 景 景

景

공경 **경**	一 十 十 艹 艹 芍 芍 苟 苟 苟 茍 敬 敬

敬

05

한자의 훈(訓)과 음(音)을 생각하며, 순서에 따라 써 보세요.

가벼울 경	ㄱ ㄷ ㅁ 日 自 亘 車 車 軎 軎 軽 輕 輕 輕
輕	

다툴 경	` 一 그 크 立 产 音 音 竞 竞 竞 竞 竞 竞 競 競 競
競	

굳을 고	1 冂 冃 用 用 周 周 固
固	

고할 고	ノ 一 止 牛 牛 告 告
告	

06

생각할 고	一 十 土 耂 耂 考
考	考 考

굽을 곡	丨 冂 曰 由 曲 曲
曲	曲 曲

공부할, 과정 과	丶 亠 亖 言 言 言 訁 訁 訁 評 課 課
課	課 課

지날 과	丨 冂 冂 冃 咼 咼 咼 咼 過 過 過 過
過	過 過

한자의 훈(訓)과 음(音)을 생각하며, 순서에 따라 써 보세요.

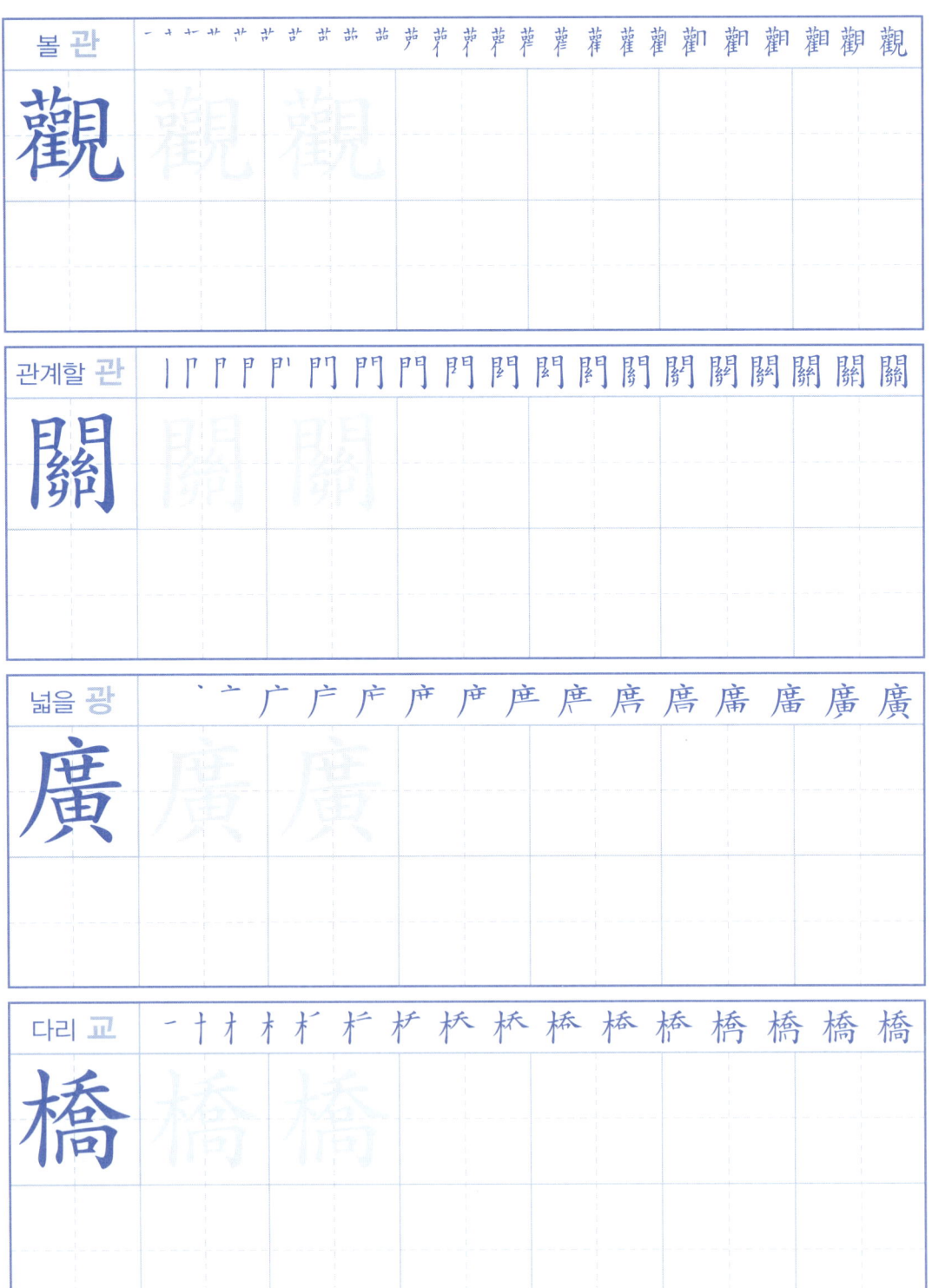

갖출 구	ノ 冂 冃 月 目 且 具 具
具	具 具

구원할 구	一 十 十 寸 才 求 求 求 求 救 救
救	救 救

예 구	一 十 卝 廾 疒 疒 萨 茬 萑 萑 萑 蒦 舊 舊 舊
舊	舊 舊

판 국	⺈ コ 尸 月 局 局 局
局	局 局

한자의 훈(訓)과 음(音)을 생각하며, 순서에 따라 써 보세요.

귀할 귀	丨 口 中 虫 虫 串 虫 昔 昔 貴 貴
貴	

법 규	一 二 夫 夫 却 初 担 規 規 規 規
規	

줄 급	⼁ ⼂ ⼃ ⼂ ⽷ ⽷ 紀 紀 給 給 給 給
給	

터 기	一 十 廾 甘 甘 苷 苷 其 其 基 基
基	

함께 써 보아요~

기약할 기	一 十 卄 廿 甘 甘 其 其 其 期 期 期 期
期	期 期

재주 기	一 十 扌 才 扩 扩 技
技	技 技

몸 기	㇇ ㇉ 己
己	己 己

물끓는김 기	丶 ㇀ 氵 氵 汽 汽 汽
汽	汽 汽

11

한자의 훈(訓)과 음(音)을 생각하며, 순서에 따라 써 보세요.

길할 길 一 十 士 士 吉 吉

吉 吉 吉

생각 념 丿 人 亼 今 今 念 念 念

念 念 念

능할 능 ⺊ ⺈ 𠂉 ⺼ ⺼ 肯 肯 能 能 能

能 能 能

둥글 단 丨 冂 冂 冂 冋 冋 冋 囤 囤 囤 圛 團 團 團

團 團 團

함께 써 보아요~

단 단	一 十 土 土 圵 圹 圹 坧 坧 垍 壇 壇 壇 壇 壇
壇	壇 壇

말씀 담	丶 亠 亖 言 言 言 言 訁 訃 談 談 談 談 談
談	談 談

마땅할 당	丨 丨 丷 ⺌ 屵 屵 屵 当 当 常 常 常 當 當
當	當 當

큰 덕	丿 彳 彳 彳 彳 彳 彳 德 德 德 德 德 德 德
德	德 德

13

한자의 훈(訓)과 음(音)을 생각하며, 순서에 따라 써 보세요.

이를 도	一 丁 エ 至 至 至 到 到
到	

섬 도	´ ſ ŕ ŕ 自 鳥 鳥 島 島
島	

도읍 도	一 + 土 耂 耂 耂 者 者 者 者` 都 都
都	

홀로 독	´ ſ ž ž' ž' ž' ž' ž' 犸 犸 獨 獨 獨
獨	

함께 써 보아요~

떨어질 **락**	一 十 艹 艹 艹 艾 艾 茨 茨 落 落 落
落 落 落	

밝을 **랑**	' ヲ ㅋ ㅋ 自 自 良 良 朗 朗 朗
朗 朗 朗	

찰 **랭**	' ヽ ソ 八 冫 冷 冷
冷 冷 冷	

헤아릴 **량**	ノ 口 日 旦 旦 昌 昌 昌 昌 量 量 量
量 量 量	

15

한자의 훈(訓)과 음(音)을 생각하며, 순서에 따라 써 보세요.

어질 량	` ⁻ ⇁ ⇃ 𝖖 良 良
良	良 良

나그네 려	` ⁻ ⇁ 方 方 方 扩 㫃 旅 旅
旅	旅 旅

지날 력	一 厂 厂 厂 F 厈 厈 厈 厤 厤 麻 麻 厯 歷 歷
歷	歷 歷

익힐 련	` ⁄ 幺 幺 糸 糸 糸 紅 紅 紅 細 紳 練 練
練	練 練

함께 써보아요~

하여금 령	ノ 人 ハ 今 令
令	令 令

거느릴 령	ノ ヽ ト 今 令 令 豹 領 領 領 領 領
領	領 領

일할 로	ヽ ヽ ツ ツ ツ 炒 炊 炊 丵 労 勞
勞	勞 勞

헤아릴 료	ヽ ヽ 冫 斗 才 米 米 米 米 料
料	料 料

한자의 훈(訓)과 음(音)을 생각하며, 순서에 따라 써 보세요.

흐를 류	丶 丶 氵 氵 氵 浐 浐 浐 济 流
流 流 流	

무리 류	丶 丶 丷 丷 米 米 米 米 米 米 米 類 類 類 類 類 類
類 類 類	

뭍 륙	丶 丨 阝 阝 阝- 阝+ 陆 陆 陆 陸 陸
陸 陸 陸	

말 마	丨 厂 厂 斤 斤 馬 馬 馬 馬 馬
馬 馬 馬	

끝 말	一 = † 才 末
末	末 末

망할 망	⺀ 亠 亡
亡	亡 亡

바랄 망	⺀ 亠 亡 𢆉 切 如 初 望 望 望
望	望 望

살 매	丨 冂 罒 罒 罒 罒 胃 胃 胃 買 買
買	買 買

한자의 훈(訓)과 음(音)을 생각하며, 순서에 따라 써 보세요.

팔 매	一 十 士 ± 声 声 击 声 声 声 青 青 賣 賣 賣
賣	

없을 무	ノ 丿 亠 广 스 無 無 無 無 無 無 無
無	

곱 배	ノ 亻 亻 亻 丷 乊 佇 位 倍 倍
倍	

법 법	丶 丶 氵 氵 汁 汁 法 法
法	

변할 변	` ｀ ｨ ｨ ｨ 訁 訁 訁 紿 絈 紶 絲 綿 綿 綵 綵 緣 綜 變 變 變`
變	

병사 병	` ｀ ｒ ｆ ｆ 丘 乒 兵`
兵	

복 복	` ｀ ｰ ｧ ｦ ｦ 禾 禾 祀 祀 祀 祀 福 福 福`
福	

받들 봉	` 一 二 三 丰 夫 夫 夆 奉 奉`
奉	

한자의 훈(訓)과 음(音)을 생각하며, 순서에 따라 써 보세요.

견줄 비	ー ヒ 比 比
比	比 比

쓸 비	ᅳ ᄀ ᄅ 弓 弗 弗 帯 帯 昔 昔 費 費
費	費 費

코 비	ᆢ 亠 冂 白 白 自 自 臭 臭 畠 鼻 鼻
鼻	鼻 鼻

얼음 빙	丨 冫 汀 氷 氷
氷	氷 氷

함께 써 보아요~

선비 **사**	一 十 士
士	士 士

섬길 **사**	ノ 亻 仁 什 仕
仕	仕 仕

사기 **사**	丶 口 口 史 史
史	史 史

베낄 **사**	丶 冖 宀 宀 宁 宁 宁 宜 宜 宵 寫 寫 寫 寫
寫	寫 寫

한자의 훈(訓)과 음(音)을 생각하며, 순서에 따라 써 보세요.

생각 사	丨 冂 円 用 田 甲 思 思 思
思	

조사할 사	一 十 十 木 木 杏 杏 杳 査
査	

낳을 산	丶 亠 亣 立 产 产 产 产 産 産
産	

상줄 상	丨 冂 丷 丷 丵 丵 尚 尚 常 賞 賞 賞 賞 賞
賞	

함께 써 보아요~

장사 **상**	丶 亠 亠 产 产 产 产 商 商 商
商	商 商

서로 **상**	一 十 才 木 利 柏 柏 相 相
相	相 相

차례 **서**	丶 亠 广 户 庐 庐 序
序	序 序

신선 **선**	丿 亻 亻 仙 仙
仙	仙 仙

25

한자의 훈(訓)과 음(音)을 생각하며, 순서에 따라 써 보세요.

| 착할 선 | 丶 丶 丷 丷 ㅛ 兰 羊 差 差 姜 姜 善 善 |

善

| 가릴 선 | 丨 ㄱ 弓 弓 弔 ㅌ 巴 巴 罒 罒 罒 罒 巺 巽 巽 撰 撰 選 |

選

| 배 선 | 丿 丨 几 丹 舟 舟 舟 舢 舢 船 船 |

船

| 고울 선 | 丿 ㄱ ㄱ 匁 각 角 角 魚 魚 魚 魚 魚 鮏 鮏 鮮 鮮 |

鮮

말씀 설/달랠 세	丶 亠 亠 言 言 言 言 言 訂 訂 訂 訊 說
說 說 說	

성품 성	丶 忄 忄 忄 忄 性 性
性 性 性	

씻을 세	丶 冫 氵 氵 汢 汢 洪 洗 洗
洗 洗 洗	

해 세	丨 止 止 岁 岁 岁 岁 岁 岁 歲 歲 歲
歲 歲 歲	

한자의 훈(訓)과 음(音)을 생각하며, 순서에 따라 써 보세요.

묶을 속	一 厂 丆 币 束 束 束
束	束 束

머리 수	丶 丷 ソ 产 产 首 首 首
首	首 首

잘 숙/별자리 수	丶 宀 宀 宀 宀 宿 宿 宿 宿 宿
宿	宿 宿

순할 순	丿 丿 丿 川 川 川 順 順 順 順 順
順	順 順

보일 **시**	一 二 〒 示 示
示	示 示

알 **식**/기록할 **지**	、 一 = 三 言 言 言 言 言 言 諄 諄 諭 語 識 識 識
識	識 識

신하 **신**	一 T 丆 丏 푸 臣
臣	臣 臣

열매 **실**	、 丶 宀 宀 宁 宑 宎 宎 實 實 實 實 實 實
實	實 實

한자의 훈(訓)과 음(音)을 생각하며, 순서에 따라 써 보세요.

아이 **아**	ノ 丨 丿 丿 臼 臼 兒
兒	兒 兒

악할 **악** / 미워할 **오**	一 丁 丆 覀 覀 亞 亞 亞 惡 惡 惡
惡	惡 惡

책상 **안**	丶 丶 宀 宀 安 安 安 窂 窂 案
案	案 案

맺을 **약**	ノ 幺 幺 糸 糸 糸 約 約
約	約 約

기를 양	丶丶䒑䒑䒑羊羊美美养养养養養養
養	養 養

물고기 어	⺈ク 勺 刍 刍 角 角 魚 魚 魚 魚
魚	魚 魚

고기잡을 어	丶丶氵氵氵氵治治油油油漁漁
漁	漁 漁

억 억	ノ亻亻仁仁佇佇倍倍倍倍億億億
億	億 億

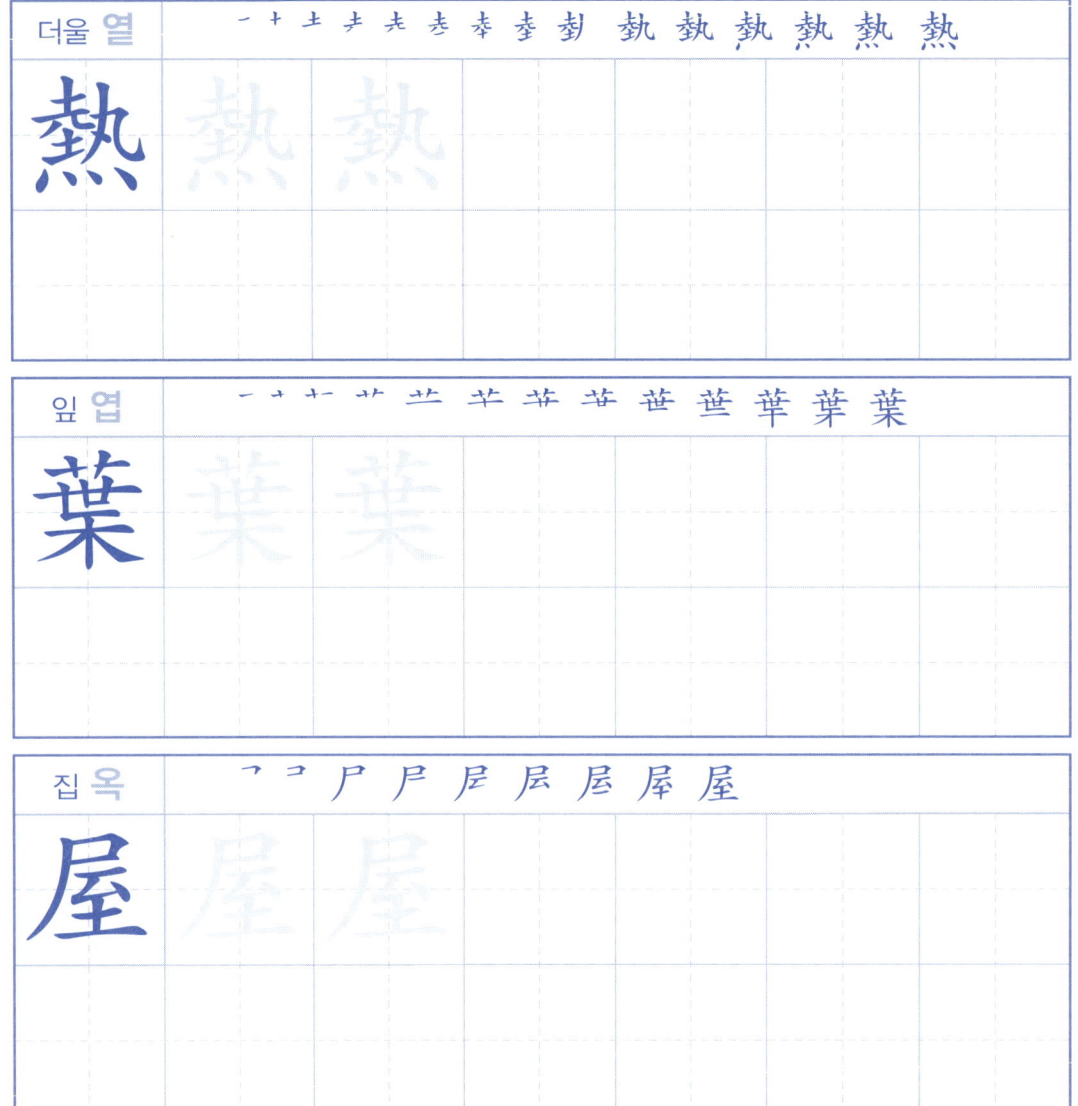

빛날 요	丨 冂 冂 日 日 日' 日ʼ 日ʼ 日ʳ 日ʳʳ 日ʳʳ 日ʳʳ 曜 曜 曜 曜 曜 曜
曜	曜 曜

요긴할 요	一 一 戸 币 襾 西 要 要 要
要	要 要

목욕할 욕	丶 丶 氵 氵 氵 氵 汵 汵 浴 浴
浴	浴 浴

벗 우	一 ナ 方 友
友	友 友

33

 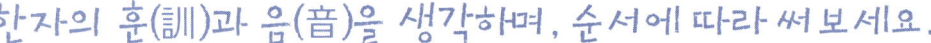

한자의 훈(訓)과 음(音)을 생각하며, 순서에 따라 써 보세요.

소 우	ノ ㅜ 느 牛
牛	牛 牛

비 우	一 ㄧ 冂 帀 雨 雨 雨 雨
雨	雨 雨

구름 운	一 ㄧ 冂 帀 雨 雨 雪 雲 雲 雲 雲
雲	雲 雲

수컷, 뛰어날 웅	一 ナ 左 左 左 左 左 左 雄 雄 雄 雄
雄	雄 雄

으뜸 원	一 二 亍 元
元	

집 원	′ ⻖ ⻖ ⻖ ⻖ ⻖ 阡 陀 陀 院
院	

근원 원	一 厂 厂 厂 厂 厉 原 原 原 原
原	

원할 원	一 厂 厂 厂 厂 厉 原 原 原 原 原 願 願 願 願 願 願
願	

한자의 훈(訓)과 음(音)을 생각하며, 순서에 따라 써 보세요.

자리 위	ノ イ イ´ 亻⁺ 伫 位 位
位	位 位

클 위	ノ イ イ´ 亻⁺ 伫 伟 佇 偉 偉 偉
偉	偉 偉

써 이	丨 レ レ／ 以 以
以	以 以

귀 이	一 T F F 耳 耳
耳	耳 耳

인할 인	丨 冂 冂 冃 囝 因
因	因 因

맡길 임	丿 亻 亻 仁 仟 任
任	任 任

두 재	一 厂 冂 冃 再 再
再	再 再

재목 재	一 十 才 木 木 村 材
材	材 材

한자의 훈(訓)과 음(音)을 생각하며, 순서에 따라 써 보세요.

재물 재	一 П 日 日 目 貝 貝 財 財 財
財	

재앙 재	〈 〈〈 〈〈〈 巛 巛 災 災
災	

다툴 쟁	´ ´ ´´ ´´ 尔 4 争 爭
爭	

쌓을 저	一 П 日 日 目 貝 貝 貝` 貝` 貯 貯 貯
貯	

과녁 적	′ ⺅ 的 的 的 的 的 的
的	的 的

붉을 적	一 十 土 ナ 方 亦 赤
赤	赤 赤

전할 전	ノ 亻 亻 亻 伫 伫 但 伸 恒 值 傳 傳
傳	傳 傳

법 전	丨 冂 冂 曰 由 曲 曲 典 典
典	典 典

39

한자의 훈(訓)과 음(音)을 생각하며, 순서에 따라 써 보세요.

펼 전	ㄱ ㄱ 尸 尸 尸 屈 屈 展 展 展
展	展 展

끊을절/온통 체	一 七 切 切
切	切 切

마디 절	ノ ト ト 朴 竹 竹 竹 竺 笁 笁 節 節 節
節	節 節

가게 점	丶 亠 广 广 广 庁 店 店
店	店 店

함께 써 보아요~

머무를 정	ノ 亻 亻 亠 宀 宁 亭 亭 亭 停
停	停 停

뜻 정	丶 丶 忄 忄 忄 怈 情 情 情 情
情	情 情

잡을 조	一 十 扌 扌 扌 扌 扌 押 捍 捍 捍 捍 操 操
操	操 操

고를 조	丶 二 言 言 言 訂 訂 訝 調 調 調 調
調	調 調

한자의 훈(訓)과 음(音)을 생각하며, 순서에 따라 써 보세요.

마칠 **졸**	丶 亠 亠 产 产 夲 卒 卒
卒	

씨 **종**	丿 二 千 才 禾 禾 禾 秆 秆 秆 種 種 種
種	

마칠 **종**	丶 幺 幺 幺 糸 糸 糸 終 終 終
終	

허물 **죄**	丨 冂 冂 冈 罒 罒 罒 罪 罪 罪 罪 罪
罪	

주일 주	丿 刀 月 用 用 用 周 周 涥 调 调 週
週	

고을 주	丶 丿 丨 州 州 州
州	

알 지	丿 ㅅ ㅗ 午 矢 知 知 知
知	

그칠 지	丨 卜 止 止
止	

한자의 훈(訓)과 음(音)을 생각하며, 순서에 따라 써 보세요.

바탕 질	ノ ァ ŕ ŕ 斤 斤 斦 斦 質 質 質 質 質 質
質	

붙을 착	` `` 丷 ㅛ 并 羊 羊 养 着 着 着
着	

참여할 참 / 석 삼	` `` ㄥ ㄥ 厶 厽 厽 叅 叅 參 參
參	

부를 창	丨 ㄇ ㅁ 叩 叩 叩 吧 唱 唱 唱
唱	

함께 써 보아요~

| 꾸짖을 책 | 一 十 キ 主 丰 青 青 青 青 青 責 責 |

責

| 쇠 철 | ノ 丿 卜 匕 牟 午 余 金 金 釒 釒 鉄 鉄 鋅 鋅 鐵 鐵 鐵 |

鐵

| 처음 초 | ` ン 才 才 衤 衤 初 初 |

初

| 가장 최 | 丨 冂 日 日 旦 旦 旲 昌 昌 冒 最 最 |

最

한자의 훈(訓)과 음(音)을 생각하며, 순서에 따라 써 보세요.

빌 축	丶 亍 亍 亓 示 祀 祀 祀 祝
祝	祝 祝

가득할 충	丶 亠 云 去 产 充
充	充 充

이를 치	一 ㄱ ㅈ ㅈ 至 至 到 致 致 致
致	致 致

법칙 칙/곧 즉	丨 冂 冃 冃 目 貝 貝 貝 則
則	則 則

함께 써 보아요~

다를 **타**	ノ 亻 亻 伽 他
他	他 他

칠 **타**	一 十 扌 扌 打
打	打 打

높을 **탁**	丶 𠂉 ㅏ 占 占 卢 卓
卓	卓 卓

숯 **탄**	丶 屮 屵 岀 屵 岸 岸 炭 炭
炭	炭 炭

집 **택(댁)**	` ゛宀宀宅
宅	

널조각 **판**	一十才 木 木 朽 板 板
板	

패할 **패**	丨冂月月目貝貝貝敗敗敗
敗	

물건 **품**	丨口口口口口品品品
品	

함께 써 보아요~

| 반드시 필 | 丶 ソ 必 必 必 |
| 必 | |

| 붓 필 | ノ ⺊ ⺊ ⺊ 竹 竹 竺 竺 筝 筆 筆 筆 |
| 筆 | |

| 물 하 | 丶 冫 氵 汀 汀 沪 河 河 |
| 河 | |

| 찰 한 | 丶 冖 宀 宀 宀 宋 宙 宙 実 寒 寒 寒 |
| 寒 | |

49

한자의 훈(訓)과 음(音)을 생각하며, 순서에 따라 써 보세요.

해할 해	丶宀宀宀宁宝害害害
害	

허락할 허	丶一 亠 宀 言 言 言 許 許 許
許	

호수 호	丶丶氵氵汁汁汁活活湖湖湖湖
湖	

될 화	丿亻仁化
化	

근심 환	丶口口卩吕吕串串患患患
患	

본받을 효	丶亠亠六产交交学效效
效	

흉할 흉	丿乂凶凶
凶	

검을 흑	丨口口口四里里里黑黑黑黑
黑